黒い条約

中野剛志・編
Nakano Takeshi

a pilot of wisdom

序にかえて

中野剛志

二〇一一年三月に『ＴＰＰ亡国論』を上梓したのに、なぜまたＴＰＰ（環太平洋経済連携協定）をテーマとした書を刊行するのか。その理由について、編者として一言、申し上げたい。

『ＴＰＰ亡国論』でも明らかにしたと思うが、私の目的は、ＴＰＰに対する批判もさることながら、それ以上に、ＴＰＰ批判を通じて、日本人の「論の進め方」に異を唱えることにあった。

『ＴＰＰ亡国論』の出版から、ＴＰＰ交渉への参加が決まるまでの約二年の間、本書各章の執筆者を含む多くの論者たちの努力により、ＴＰＰが孕《はら》む重大な問題点がいくつも浮き彫りになった。それにもかかわらず、この間、ＴＰＰ賛成論者の「論の進め方」には、改善どころか、変化すら見られなかったのである。だから、再び、問い糺《ただ》さなければならないのだ。

たとえば、ＴＰＰ賛成論者たちの多くが、二〇一〇年から「早期に交渉に参加しなければ、有利なルールを策定できなくなる」と主張してきた。しかし、二〇一三年になって、交渉に遅れて参加した国は、ルール作りの余地が著しく限定されることが判明したにもかかわらず、彼らの中から「もはや遅すぎるので、交渉に参加すべきではない」という声は、皆無と言っていいほど聞かれなかった。

また、TPP賛成論者たちには、韓国が米韓FTA（自由貿易協定）を締結したことをもって、「TPPに参加しなければ、韓国企業に対して不利に立たされる」と主張する者が少なくなかった。だが、韓国企業の優位はFTAではなく為替レートによるものであり、実際、安倍政権の金融緩和による円安で韓国企業の競争力は大きく後退した。しかも政府は、交渉参加のためのアメリカとの事前協議において、米韓FTA以上にアメリカに有利な自動車関税の措置で合意してしまった。それにもかかわらず、TPP賛成論者の中から、「これではもはや意味がないので、交渉参加は断念すべきだ」という意見はほとんど出なかった。

こうした例は他にも枚挙にいとまがないが、要するに、TPP賛成論者たちは、初めから、TPP参加の正否にはさしたる関心がなかったのであろう。彼らの議論の目的は、TPP参加の方向で話をまとめることだったのであろう。

しかし、このように歪《ゆが》んだ「論の進め方」は、何もTPP問題に限らず、他の政治・経済の論争から、職場や近所づきあいにいたるまで、あらゆるところに見られるのではないだろうか。

私には、こうした傾向は、日本人の国民性によるものではないかとすら思われる。

と言うのも、稀代の批評家である福田恆存《つねあり》が、「日本および日本人」の中で、次のように述べていたからである。「日本人にとつて、どつちが正しいかといふことは二義的なことなのです。大切なのは摩擦といふ醜い状態から早く脱して、和合に到達することであります」。

本書を読み終えた読者は、「なぜ日本は、ＴＰＰ交渉への参加を表明してしまったのか」という思いに必ず駆られることだろう。その疑問に対する答えのヒントは、この福田の日本人論にある。すなわち、ＴＰＰ参加の正しさではなく、国内の対立、あるいはアメリカとの摩擦という状態から早く脱したいという焦燥感が、日本人をしてＴＰＰ交渉への参加へと駆り立てていったというわけである。ＴＰＰは国論を二分したと言われるが、本当の意味での議論など、行われてはいなかったのだ。

日本人は、元来、和を尊ぶ国民性をもっていた。それが明治になって、他人を自己の敵とみなすかのような西洋の対人関係や、正邪・善悪・権利義務をはっきりさせようとする西洋の制度がもち込まれた。そして、日本の文化や日本人の国民性を省みない、性急かつ無批判な近代化が進められたのである。これこそが、日本および日本人の混乱の原因である。そう指摘する福田は、「近代日本の弱点は、……ひとへにその似而非《えせ》近代性にもとづく」と断定している。

私は、「世界の流れに乗り遅れるな」「内向きにならず、外に打って出よ」「外圧で日本を変えよ」といったTPP賛成論者たちが繰り返す台詞に、福田の言う「似而非近代性」の典型を見る。

物事の正否や善悪を議論することすらまともにできない似而非近代的な日本人が、自己の内に目もくれず外に打って出ると、どのような混乱が引き起こされるのか。福田は、こう指摘する。

近代戦に馴れない人間が近代的戦争に手をだした結果が、残虐不法な戦争を招来し、国家主義に馴れない国家が国家主義をまなんで超国家主義になつた。同様に、権利義務の契約にもとづく個人主義に馴れない人間が、その制度や法律を移入すれば、それはたんなる利己主義を助長するにしか役だたぬのです。

これは、TPP参加がもたらす事態を予見しているかのようである。近代日本が幾度となく経験してきた似而非近代性による悲喜劇を、我々はTPPによって性懲りもなく繰り返そうとしているのだ。

私がＴＰＰ参加を執拗に批判してきたのも、そこに近代日本の弱点である「似而非近代性」という、とてつもなく大きな問題が横たわっているのを感じてきたからに他ならない。ＴＰＰとは、それだけ根が深い問題なのだ。

では、この日本人の似而非近代性がもたらす悲喜劇に対して、我々はどうすればいいのだろうか。

だが、福田は、「どうすればいいのか」という安易な問いを発することを戒めるのである。

なぜなら、日本をああしよう、こうしようとする性急さこそが、似而非近代性による混乱をますます悪化させてきたのだからだ。

その代わりに、福田は、ただ次のように助言するのみである。

そのまへに、まづ自己の現実を見ること、それからさきは、ひとりひとりの道があるだけです。いや、ひとりひとりの道しかないといふことに気づくことが、なによりも大事だとおもふのです。私がいひたいのはそれだけです。（中略）ただ、そのばあひ、どういふ道を歩むにせよ、自分の姿勢の美しさ、正しさといふことを大事にして、ものをいひ、ことをおこなふこと、そのかぎりにおいて、私たちは日本人としての美感に頼るしかないと信じてをります。

我々が「ひとりひとりの道しかないといふことに気づく」こと。これを福田は「ほんたうの意味の個人主義」と呼ぶ。それを身につけることによって、「『日本および日本人』の独立が可能になるでせう」。

『TPP亡国論』と同様に、本書もまた、TPP参加へと向かう動きを止めるには無力であるかもしれない。本書の執筆者たちは、非力な自己という現実を見つめ、その上で自分の姿勢の正しさということのみを大事にして、それぞれの論考を書いているだけである。

ただ、この小さな書物を材料にして、一人でも多くの読者が、今の日本が置かれた現実を見据え、「ひとりひとりの道しかないといふことに気づく」こととなれば、望外の幸せである。それより他に、日本および日本人の独立を可能にするすべはなく、そしてそれこそが本書刊行の理由だからである。

目次

第六章　日本の良さと強みを破壊するＴＰＰ……施　光恒

第七章 ＴＰＰは国家の拘束衣である――制約されるべきは国家か、それともグローバル化か――……柴山桂太

グローバル化は永遠に進展し続けるのか
暗礁に乗り上げた欧州グローバル化
グローバル化と国家主権は両立しがたい
ＴＰＰ参加の対価は主権の制約
企業と国民経済の成長が一致しないグローバル化時代
ＴＰＰは新重商主義
国家主権喪失への反発
国民の安全意識と対立するグローバル企業の利益
グローバル化は国家の「拘束衣」である
国家の自律性の喪失がもたらす危機
制約されるべきは国家か、それともグローバル化か

第一章　世界の構造変化とアメリカの新たな戦略

――ＴＰＰの背後にあるもの――

中野剛志

中野剛志（なかの　たけし）評論家
一九七一年、神奈川県生まれ。元京都大学大学院工学研究科准教授。東京大学教養学部（国際関係論）卒業後、通商産業省（現経済産業省）に入省。エディンバラ大学より博士号取得（社会科学）。イギリス民族学会Nations and Nationalism Prize受賞。主な著書に二〇万部を超えるベストセラーとなった『TPP亡国論』（集英社新書）、山本七平賞奨励賞を受賞した『日本思想史新論』（ちくま新書）など。（＊本稿は筆者個人の見解であり、筆者の所属する組織のものとは無関係である）

▼日米関係とTPP

「現在の状況は一八一五年、一九一九年、一九四五年、一九八九年のような、先行きが不透明で、世界が変わってしまう可能性に直面していた歴史的転換点を想起させる」

これは、アメリカの「国家情報会議（National Intelligence Council）」が二〇一二年一二月に公表したレポート「グローバル・トレンド２０３０」の一節である。[*1]

国家情報会議とは、大統領のために、世界の情勢についての中長期的な分析や予測を行う諮問機関であり、おおむね四年に一度、「グローバル・トレンド」というレポートを作成している。「グローバル・トレンド２０３０」は、二〇三〇年の世界についての予測である。

その「グローバル・トレンド２０３０」が、現在の世界を、一八一五年（ナポレオン戦争の終結）、一九一九年（第一次世界大戦の終結）、一九四五年（第二次世界大戦の終結）、一九八九年（ベルリンの壁の崩壊、あるいは冷戦の終結）に匹敵すると述べている。つまり、我々は歴史的な世界の大転換期に立ち会っているというわけである。少なくとも、アメリカはそう認識しているということだ。

だとするならば、アメリカの国家戦略も、これまでとは大きく異なったものとなっていくと考えておかなければならない。そして、アメリカの国家戦略の大転換は言うまでもなく、日本の運命をも大きく左右することになる。

TPP（環太平洋経済連携協定）交渉の問題も、こういう大きな世界的・歴史的背景の変化と、アメリカの戦略転換の文脈の中に置いて考える必要があろう。さもなければ、その本質を大きく見誤ることとなる。

改めてTPP交渉とは、何か。外務省によれば、アジア太平洋地域において高い水準の自由化を目標とし、非関税分野（投資、競争、知的財産、政府調達等）や新しい貿易課題を含む包括的な協定の交渉であるとされている。[*2] 現在、シンガポール、ニュージーランド、チリ、ブルネイ、アメリカ、オーストラリア、ペルー、ヴェトナム、マレーシア、メキシコ及びカナダの一一ヵ国が交渉に参加している。

TPPに関する詳細な内容についての批判的検討は、本書の各章にゆだねるとして、ここで指摘しておきたいのは、TPPとは、この外務省の説明にあるような、ありきたりの経済連携協定以上のものであるということだ。

他ならぬ日本政府自身が、日米同盟関係という、より広い戦略の中にＴＰＰを位置づけている。

たとえば二〇一三年三月一五日、安倍晋三首相はＴＰＰへの交渉参加を表明した記者会見の中で、「日本が同盟国である米国とともに、新しい経済圏をつくります。……さらに、共通の経済秩序の下に、こうした国々と経済的な相互依存関係を深めていくことは、我が国の安全保障にとっても、また、アジア・太平洋地域の安定にも大きく寄与することは間違いありません」と述べている。

ここからもわかるように、ＴＰＰをめぐっては、日米の同盟関係が強く意識されており、また、日本の安全保障やアジア・太平洋地域の安定にも資するものと考えられている。実際、ＴＰＰの交渉参加に賛成する議論には、自由貿易の推進だけでなく、日米同盟を強化する効果もあると主張するものが少なくなかった。

日米同盟と自由貿易。

これこそが、戦後日本の外交路線の基軸であった。戦後日本は、日米同盟の下、自由貿易に参画することで、経済的繁栄を実現することができた。この成功体験にもとづき、日米同盟と自由貿易という二大戦略を堅持するのであるならば、アメリカが主導する自由貿易協定である

ＴＰＰへの参加というのは、たしかに疑いの余地のない選択と映るであろう。尖閣《せんかく》諸島などをめぐって中国との安全保障上の緊張が高まる一方で、「失われた二〇年」と呼ばれる長期不況に苦しむ中では、なおさらである。

しかし、その日米同盟と自由貿易が、世界の変化とアメリカの戦略転換によって、その性格を著しく変質させてしまっているのだとしたら、話はまったく違ってくる。

国家情報会議は、現在は、一八一五年、一九一九年、一九四五年、一九八九年に匹敵する歴史的転換期にあると述べた。つまり、一口に「戦後」と言っても、戦後の世界は、一九四五年から一九八九年までの冷戦時代と、一九八九年から現在までの冷戦以後の時代とで大きく変動しており、しかも、現在、さらに大きな変動を迎えているのである。

では、一九四五年から一九八九年はどのような世界であり、一九八九年から現在までの世界はどうであったか。そして、これからの世界は、どうなるのか。

この戦後の二度の大きな地殻変動の中で、日本外交の基軸とされてきた「日米同盟」と「自由貿易」は、どのように機能し、どう変質したのか。さらに、今後来るべき世界においては、どうなるのか。その中で、ＴＰＰは、どういう戦略的な意味をもつのか。そして、日本は、いかなる選択をすべきなのであろうか。

▼なぜ冷戦期に自由貿易が「成功」したのか

第二次世界大戦後、覇権国家となったアメリカの基本的な世界戦略は、軍事的には、その圧倒的な軍事力を西ヨーロッパ、中東、東アジアに展開して、ソ連を封じ込めるというものであった。この世界戦略の下、日本は、西側陣営の一員としてアメリカに軍事基地を提供し、自国の安全保障をアメリカの軍事力に依存することを防衛政策の基本としてきたのである。

他方、経済においては、西側世界の覇権国家アメリカは「ブレトン・ウッズ体制」と呼ばれる国際経済秩序を構築した。

このブレトン・ウッズ体制は、政府が責任主体として市場に介入し、経済を調整すべきであるというケインズ主義的な理念を基礎にしていた。

各国政府は、完全雇用などの政策目標の追求に大きな役割を担う一方で、ドルを基軸とする固定為替相場制度を基礎として、国際的な資本移動は制限されることとなった。また、通貨制度の運営を監視するためIMF（国際通貨基金）が設立され、一時的な国際収支不均衡に陥った国に対しては融資を行って、為替相場の調整を管理することができるようになった。

そして、国際貿易については、GATT（貿易と関税に関する一般協定）が締結され、自由貿易を行うことが奨励された。この枠組みの中で、断続的に「ラウンド」と呼ばれる貿易交渉が行われ、関税の引き下げなどが進められていった。

戦後日本は、このGATTを基礎とした自由貿易体制に組み入れられることで、経済的繁栄を実現したと考えられている。

しかし、その戦後日本の経済的成功の背景には、いくつかの特殊な条件があったことを見逃してはならない。

その条件のひとつとは、アメリカの安全保障上の戦略である。アメリカは、冷戦構造の下で、西側諸国の共産化を防ぎ、ソ連を中心とした共産圏に対抗して、アメリカを中心としたドル経済圏を構築することを最大の外交目標としていた。そのため、アメリカは西ヨーロッパや日本の戦後復興をおおいに支援し、貿易の自由化も、アメリカの国内市場を積極的に開放していく形で進められたのである。

たとえば、一九五〇年代、アイゼンハワー大統領は、日本を共産化させずに西側世界につなぎとめておくためには、日本がアメリカに対して積極的に製品を輸出できるようにしておく必要があると考えていた。こうしたことから、アメリカは関税を広範にわたって引き下げたが、日本は主要な関税をほとんど引き下げないということも認められたのである。アメリカ国内では、当然のことながら市場開放によって不利益を被る産業から不満の声が上がった。しかしアイゼンハワー政権は、安全保障上の目的を優先して、保護を求める国内産業の要望を聞き入れなかったのである。*3

要するに、この時期のアメリカの貿易戦略は、経済的な利益を安全保障に従属させていたのである。これは対ソ戦略の要請であると同時に、アメリカの経済力が圧倒的であったことから可能となったものであった。そして日本は、このアメリカの極めて特殊な貿易戦略による恩恵を存分に享受したのである。

▼GATT体制下の「埋め込まれた自由主義」

戦後日本が自由貿易によって成功したもうひとつの条件は、GATT体制のしくみにある。GATT体制において、関税引き下げの対象となったのは、もっぱら工業製品であり、農業関税は対象ではなかった。そして、GATTの自由化交渉は、国際政治経済学者ジョン・ラギーが明らかにしたように、国家間で調整と妥協が積み重ねられながら、慎重に進められたのであった。

GATTには、自由化の例外規定や緊急避難的な措置（セーフガード）が数多く設けられ、各国政府はそれらを活用して、貿易自由化による国内の急激な変化を避けることもできた。加えて、各国はケインズ主義や福祉国家の理念の下にあり、貿易自由化により不利益を被る特定の産業や階層に対しては補償的な措置を講じながら、市場開放を進めていった。

ラギーは、こうした貿易自由化の進め方を「埋め込まれた自由主義（embedded liberalism）」と呼んでいる。[*4]「埋め込まれた」とは、貿易自由化より国内社会の統合と安定のほうが優先されていたことを意味する。このGATT体制の「埋め込まれた自由主義」によって、各国は国内社会の破壊を回避しつつ、貿易自由化の恩恵を享受することができたのである。

▼日本の繁栄を可能にした条件

この時期の日本は、日米同盟と自由貿易体制を外交の基軸とし、そしてそれによってたしかに安全と豊かさを享受することに成功した。

ただし、その成功の背景には、覇権国家アメリカの存在、ブレトン・ウッズ体制、アメリカの冷戦下の安全保障戦略、政府介入を是認するケインズ主義的な経済運営、そして埋め込まれた自由主義といった、当時の特殊な時代背景があったのである。

しかし、ブレトン・ウッズ体制は、ドルを基軸通貨とした固定為替相場制度であったため、アメリカは競争力を強化して国際収支を改善するために、他国通貨に対してドルを切り下げることができないという問題をかかえていた。

アメリカは、その経済力が圧倒的であった間は、ブレトン・ウッズ体制を維持することができた。しかし、一九六〇年代後半から、日本や西ドイツの経済成長による経済力の相対的な低下や、ヴェトナム戦争による失敗によって、国際収支の赤字が大幅に悪化すると、もはやこれ以上、ブレトン・ウッズ体制を維持する負担に耐えられなくなった。そして、一九七三年、ついに変動相場制への移行が決定され、ブレトン・ウッズ体制は崩壊した。

また、一九七〇年代、各国が悪性のインフレに悩む中、政府によるケインズ主義的な市場介入がインフレの主たる原因であると考えられるようになり、政府による経済介入を極力排除し、市場メカニズムを重視すべきであるという「新自由主義」が台頭した。

一九八〇年以降、この新自由主義のイデオロギーにのっとって、ブレトン・ウッズ体制に代わる国際経済システムが形成されていった。この新たな体制の下では、各国の最大の政策目標は、完全雇用ではなく、物価の安定（インフレの抑制）となり、財政政策よりは金融政策が政策手段の中心となった。国際収支の均衡は、変動為替相場制度による市場の調整によって達成されるものとされ、国際的な資本移動の自由化が進められた。

さらに、アメリカの経済力が相対的に低下する中で、日本が経済大国として台頭してくると、日米間の貿易摩擦が頻発するようになり、アメリカは日本に対して、繊維、鉄鋼、自動車等の輸出自主規制、牛肉・オレンジの市場開放などを要求するようになった。アメリカは、もはや同盟国に国内市場を開放する寛容な自由貿易体制の守護神ではいられなくなったのである。

このように、戦後日本の自由貿易による繁栄を支えていたブレトン・ウッズ体制、ケインズ主義的な経済運営、アメリカの覇権的な経済力といった条件は、一九七〇年代以降、しだいに崩れていったのである。

そして、冷戦構造という条件もまた一九八九年に消滅し、アメリカの戦略は軍事的にも経済的にも大きく転換していくことになる。

▼「対日封じ込め」戦略と化した日米同盟

一九八九年に冷戦が終結すると、アメリカは唯一の超大国としてのパワーを背景に、世界秩序を自国に有利につくりかえようとする一極主義（unilateralism）へと傾斜した。これにともない、日米関係も変化した。

国際政治アナリストの伊藤貫によれば、アメリカは、日本が自主防衛能力を有し、アジアにおいてリーダーシップをとるようになるのを防ぐため、アジアにおける優越的な軍事力を維持し、日本を封じ込めるという戦略をとったのである。

たとえば、アメリカは自衛隊の次世代戦闘機の日米共同開発を破棄したり、通商法スーパー三〇一条を日本に対して発動し、スーパーコンピューター、人工衛星、木材の輸入を強制したり、日米構造協議を開始して日本の国内制度や商慣行の改変まで迫るようになった。

こうしたアメリカの戦略変更により、日米同盟もその意味を変えた。伊藤は、当時、クリントン政権下で国防次官補を務めた国際政治学者ジョセフ・ナイが、政府内の外交政策の会議において、次のような対日政策を提唱したと証言している。

「日本を今後も自主防衛能力を持てない状態に留めておくために、アメリカは日米同盟を維持する必要がある。日本がアメリカに依存し続ける仕組みを作れば、我々はそのことを利用して、日本を脅しつけてアメリカにとって有利な軍事的・経済的要求を呑ませることができる」[*5]

日米同盟は、対ソ封じ込めから、対日封じ込めへと性格を変えたのである。

▼経済におけるアメリカ一極主義

社会主義圏が崩壊したことで、アメリカは資本主義の勝利を確信したが、同時に、それを一九八〇年代以降に台頭した新自由主義の勝利と同一視するようになった。そして、今後の経済は、新自由主義にもとづいて運営されるべきであるという認識が広く共有されるようになった。この認識は、「ワシントン・コンセンサス」と呼ばれている。

この新自由主義あるいはワシントン・コンセンサスにもとづき、アメリカは、金融市場の自由化やグローバル化を推し進めたのである。

この時期、アメリカ経済は好景気を謳歌《おうか》し、その一方で、ヨーロッパと日本の経済は停滞に陥っていた。このためアメリカは、ワシントン・コンセンサスにますます自信を深め、アメリカ型の新自由主義的な経済制度によって各国経済を画一化する世界経済戦略を志向するようになった。

言わば、経済におけるアメリカ一極主義である。

たとえば、一九九五年に設立されたＷＴＯ（世界貿易機関）では、アメリカの主導によって、これまで自由化の対象外とされていた農業関税や、サービス分野における非関税障壁をも対象とすることとなり、従来のGATT体制よりもグローバル化を徹底するものとなった。

また、IMFや世界銀行は、開発途上国への融資の際に、貿易や投資の自由化、民営化、規制緩和、財政削減といった条件を課し、新自由主義的な構造改革を強いる機関と化した。

さらにアメリカは、NAFTA（北米自由貿易協定）をはじめとする個別の貿易・投資協定によって、グローバル化をいっそう推進した。

▼グローバル化はアメリカの国家戦略の産物

日本に対しては、日米包括経済協議や日米投資イニシアティブ、あるいは年次改革要望書など、日本の国内制度や経済構造の改変に関する要求を突きつけた（本書第二章を参照のこと）。

その背後には、ナイが提言したように、日米同盟という圧力が働いていたことは言うまでもない。

さらに二〇〇一年に9・11テロが勃発すると、アメリカは「テロとの戦い」を掲げて、再び軍事的な支配力を強化する方向へと舵《かじ》を切った。当時のG・W・ブッシュ政権は、中東諸国の民主化を企てるなど、自由主義や民主主義といったアメリカの価値観を世界に広めるという途方もないプロジェクトに乗り出した。

こうして、アメリカの独善的な一極主義は、頂点に達した。

ここで重要なのは、アメリカの国際政治経済学者ジョナサン・カーシュナーが強調するように、いわゆるグローバル化というものが、アメリカの一極主義的なパワーと政治的意図の産物であるということである。[*6]

グローバル化は、単なる経済現象の法則でも歴史の不可避の流れでもない。それは、冷戦終結を契機としたアメリカの国家戦略の大転換が生み出したものなのである。

▼グローバル化がもたらした資産バブルと中間層の没落

このアメリカ一極主義がもたらしたグローバル化によって、二〇〇〇年代に、次のような経済システムが出現した。

まず、アメリカ企業は、安価な資本財や労働力を求めて、海外投資や海外への委託生産（オフショアリング）を積極的に行ったために、アメリカ国内の雇用は海外へと流出し、国内の製造業の衰退が加速するとともに、賃金も伸び悩むようになった。他方で、金融市場の自由化によって、金融部門が異様に発達した。

その結果、アメリカの家計部門は、賃金の上昇によってではなく、負債と資産価格の持続的な上昇によって消費を拡大し、需要を生み出すようになったのである。

このような賃金上昇を抑制する経済システムは、当然のことながら、大企業や投資家にとっては有利に働いたが、労働者にとっては著しく不利なものであった。中間層は崩壊し、社会格差が異常なまでに拡大した。

二〇〇〇年から二〇〇七年にかけて、アメリカは好景気を謳歌し、大企業や大手金融機関は巨額の利益をあげていた。ところが、この間、実質賃金の中間値は〇・一％しか伸びなかった。また、一九七〇年代後半、アメリカの富裕層の上位一％が有する富は、国民総所得の九％以下に過ぎなかった。それが二〇〇七年までに国民総所得の二三・五％にまで膨れ上がったのである。

アメリカ以外の先進国においても、賃金の伸び悩み、労働分配率の低下、格差の拡大といった現象が発生した。もちろん、日本もである。

負債依存型のいびつな成長によって、生産以上に消費を拡大したアメリカ経済は、一方的に貿易赤字を垂れ流し続けた。他方、東アジアなどの新興国は、アメリカの旺盛《おうせい》な消費に牽引《けんいん》されて輸出を拡大して成長した。

そして、輸出によって稼いだ貿易黒字をアメリカ市場に還流した。この海外からの資金の流入は、アメリカの資産バブルをさらに助長し、アメリカはますます消費と貿易赤字を拡大するという循環が生じた。世界経済は、このアメリカの膨張する消費に牽引されて成長した。しかし、その成長は、アメリカの資産バブルが生み出したものに過ぎなかったのである。

こうして、一九九〇年代以降のアメリカ一極主義的な世界経済は、冷戦期の世界経済、とりわけブレトン・ウッズ体制とは、まったく異質のものとなったのである。

▼日米同盟は市場開放要求のための手段に

日米同盟と自由貿易という、戦後日本外交の二本柱がもつ意味もまた、冷戦終結の前後で、大きく変化した。

第一に、冷戦期においては、アメリカは西側諸国をドル経済圏に組み込み、共産化を防ぐという安全保障上の目的を優先して、同盟国である日本に対して自国の市場を開放していった。アメリカが安全保障を目的とし、貿易政策を手段としたおかげで、日米同盟は、日本に自由貿易による恩恵をもたらし得たのである。

しかし、冷戦の終結により、そのような貿易戦略の必要がなくなると、アメリカは一極主義に傾斜し、各国の国内経済構造の変革まで要求するようになった。そして、日米同盟は、アメリカが自らの都合のよいように日本の経済社会を改造するための手段となったのである。

▼グローバル化で侵される各国の自律性

第二に、冷戦期のGATT体制では、交渉の対象はもっぱら工業製品の関税であった。そして、各国が、国内制度のあり方を自律的に決定することが大幅に認められていた。また、国際的な企業活動は、本国に生産拠点を置き、海外に製品を輸出するのが一般的であった。

ところが、WTO体制、そして二国間や地域の貿易投資協定においては、工業のみならず農業やサービス産業も交渉の対象となった。さらに関税のみならず、国内制度の各国間の相違も「非関税障壁」として交渉の対象になり、各国の金融、投資、衛生、政府調達、知的財産権といった国内制度の画一化が進められた。

国内制度を決定する各国の自律性は、大幅に制限されることとなったのである。

他方、企業はグローバル化し、安価な労働力や公的負担の軽減を求めて、生産拠点を海外に移すようになった。これによって、一部のグローバル企業や富裕層はますます富を得たが、大多数の労働者は不利益を強いられるようになった。また、規制緩和された金融市場は、著しく不安定化して危機を頻発させるようになり、格差は拡大し、国民生活が脅かされるようになった。

自由貿易と国内社会の保護を両立させることでGATT体制を成功に導いた「埋め込まれた自由主義」は、グローバル化によって失われてしまったのである。

このように、日米同盟と自由貿易体制は、冷戦期と冷戦期以後とで、それぞれまったく意味が異なるものとなってしまっている。

冷戦期において、特にアメリカの覇権国家としての地位が安泰であったブレトン・ウッズ体制下においては、日米同盟と自由貿易体制は、たしかに日本に経済的な成功をもたらした。しかし、その成功が冷戦終結後も引き続き保証されるというわけではない。

一九九〇年代以降、アメリカが西側世界の守護者から独善的な一極主義者に傾いてからも、日本は日米同盟と自由貿易という基本路線を変更せず、アメリカの要求に応じて（あるいは自ら進んで）新自由主義的な構造改革を推し進めた。そのことと、日本が「失われた二〇年」と呼ばれる長期不況に陥ったこととは、無関係ではない。[*7]

▼アメリカ一国覇権の終焉《しゅうえん》と歴史的転換点

しかし、アメリカの一極主義的な世界戦略は、軍事的にも経済的にも、持続可能なものではなかった。

まず、軍事的な一極主義が、イラク戦争の手ひどい失敗によって挫折を余儀なくされた。そして、経済的な一極主義＝グローバル化もまた、資産バブルが崩壊し、二〇〇八年にリーマン・ショックが勃発したことで、失敗に終わった。

その結果、アメリカに残されたものは、巨額の政府債務と民間債務、経常収支赤字、不安定な金融市場、そして高い失業率と異常な社会格差である。このように経済基盤が脆《ぜい》弱《じゃく》になっては、軍事的な一極主義は、なおさら不可能であろう。

さらに重大な変化は、冷戦終結後の二〇年間で、中国が急速に台頭し、東アジアにおけるアメリカのプレゼンスを脅かしかねないほどの経済力と軍事力を獲得したことである。この中国の勃興こそが、国家情報会議が、現在を世界の大変革期とみなす最大の要因なのである。

改めて、国家情報会議が、現在の変化は一八一五年、一九一九年、一九四五年、一九八九年に匹敵すると述べたことの意味を考えてみよう。

一八一五年は、ナポレオン戦争が終わり、イギリスの覇権が成立した年である。

一九一九年は、第一次世界大戦が終結し、イギリスが覇権を失った年である。

一九四五年は、第二次世界大戦が終結して、アメリカが西側世界の覇権国家となった年である。

一九八九年は、冷戦の終結によって、アメリカが一極主義的な戦略に乗り出した年である。つまり、いずれも、世界を支配するパワーの盛衰の転機となった年なのである。

では、これらに匹敵する転換期とされる現在は、いかなるパワーの変化が起きているというのだろうか。それこそが、アメリカの覇権的な地位の後退と、中国という新たな超大国の勃興に他ならない。

▼アメリカが予見する「新たな世界」

国家情報会議の報告書「グローバル・トレンド2030」は、二〇三〇年に向けて、アメリカが覇権国家としての地位を喪失し、世界は多極化すると予測している。

まず、アジアは、GDP（国内総生産）、人口規模、軍事費、技術開発投資にもとづくパワーにおいて、北アメリカとヨーロッパを凌駕《りょうが》する。とりわけ中国は、二〇二〇年代に、アメリカを抜いて世界最大の経済大国となる。中国、インド、ブラジルに加え、コロンビア、インドネシア、ナイジェリア、南アフリカ、トルコがグローバル経済にとって重要となる。

ヨーロッパ、日本、ロシアは、相対的な衰退を続ける。

アメリカ以外の国々の急速な勃興により、アメリカの一極主義体制は終焉し、一九四五年以降に米国主導で築いた「パックス・アメリカーナ」の世界秩序は急速に消滅していく。

二〇三〇年のアメリカは、諸大国のうちの「同輩中の主席（the first among equals）」の地位にとどまっているであろう。

ただし、二〇三〇年までに、アメリカに代わる覇権国家が登場する可能性は極めて低い。世界は、多極化する。アメリカ大統領の諮問機関が、このような認識を示していることの意義は大きい。

グローバルな経済のパワーはアジアに移り、古代の地中海や二〇世紀の大西洋のように、インド・太平洋が二一世紀の国際海上交通の中心となるだろう。世界の主要なシーレーンに対するアメリカの海軍力の覇権は、中国の外洋海軍の強化にともなって消滅していくであろう。その結果、航行の自由を確保する体制をどう構築するかが、大きな問題となる。

▼東アジアの秩序の将来

「グローバル・トレンド２０３０」は、日本の将来と関係の深い東アジアの秩序については、次の四つのシナリオを想定している。

第一は、アジア地域へのアメリカの関与が継続し、現在の秩序が今後も維持されるというものである。

第二は、アメリカのアジアへの関与が減少し、アジア諸国がお互いに競合し、勢力均衡が生まれるというものである。

第三は、中国が政治的に自由化し、多元的で平和愛好的な東アジア共同体が成立するというものである。

そして第四は、中国が勢力を拡張し、東アジアに中国を頂点とし、他の地域に対して排他的な中華秩序が成立するというものである。

「グローバル・トレンド２０３０」は、これら四つのシナリオについて、インドが大国として台頭するのに失敗するか、日本がその相対的な衰退から逃れられない場合には、第四のシナリオである中華秩序が成立する可能性が高いと指摘している。

ただし、「グローバル・トレンド２０３０」は、中国の経済大国としての台頭を必ずしも確実視しているわけではない。

中国がより持続可能で、技術革新を基礎とした経済モデルに移行するのに失敗すれば、その影響力は消滅する。極端な場合、豊かな沿岸部と貧しい内陸部との格差が拡大し、チベット自治区や新疆《しんきょう》ウイグル自治区の分離独立運動が強まり、中国は崩壊する。その場合、中国はより予測不可能になり、国内問題から目を逸《そ》らさせるために対外的に攻撃的になるかもしれない。隣国やアメリカとの紛争に敗北するならば、中国の存立基盤が破綻する。逆に勝利するならば、中華秩序のチャンスが増大するであろう。

「グローバル・トレンド２０３０」が最悪のシナリオとして想定しているのは、アメリカやヨーロッパが内向き志向に転じ、国家間紛争のリスクが増大することである。逆に、最善のシナリオは、アメリカと中国が協力し、様々な問題に対処することだという。

▼アメリカは中国の台頭とどう向き合うのか

このように見てみると、国家情報会議が世界の歴史的な地殻変動を引き起こしている要因として着目しているのは、アメリカの覇権的地位からの転落とともに、中国の台頭であることが明らかになる。中国がどうなるか、そして中国にどう対処するかが、アメリカの最大の関心事になっていると言っても過言ではない。

そして、アメリカの対中政策がどうなるかは、日本にとって致命的に重要である。

アメリカのシンクタンク「大西洋評議会」もまた、国家情報会議の「グローバル・トレンド

2030」のシナリオにもとづき、「脱西洋世界のアメリカの戦略」[*8]という提言を作成している。このレポートが重要である理由は、大西洋評議会の三人の議長の一人が、第二次オバマ政権の国防長官であるチャック・ヘーゲルだからである。すなわち、このレポートの内容は、第二次オバマ政権の外交政策と大きく共鳴するものと考えられるのだ。

この「脱西洋世界のアメリカの戦略」の提言は多岐にわたるが、本章の目的からして特に注目すべきは、次の二点である。

第一に、世界が多極化し、アメリカが「同輩中の主席」の地位にまで後退する中で、不安定化する厳しい世界を乗り切るため、自国の国力（特に経済力）を強化しなければならないという認識が示されている。これは、アメリカがより内向きになり、自国優先で動くようになることを示唆している。

そして第二に、「合衆国の二〇三〇年に向けての戦略は、二〇三〇年の国際システムを形成する最も重要な要因である中国との協力関係を深化することでなければならない」というのである。

▼輸出拡大・近隣窮乏化で経済力確保に急ぐオバマ

「グローバル・トレンド2030」や「脱西洋世界のアメリカの戦略」からわかることは、第二次オバマ政権が、多極化する世界に備えて、次のような戦略をとるだろうということである。第一に、覇権国家なき世界の不確実性や混乱を克服できるだけの経済力を確保する。そのために、経済成長や輸出促進による財政赤字と貿易赤字の削減を最優先し、雇用の創出と格差の是正を重視する。自国中心主義的・利己的な経済政策をも辞さない。

この方針は、オバマ政権がこれまでも掲げてきた輸出拡大や製造業回帰の経済戦略に鮮明に現れている。たとえば、二〇一三年の一般教書演説[*9]においても、オバマ大統領は、次のように述べている。

「最優先事項は、新しい仕事と製造業をひきつける磁石にアメリカをすることである。一〇年以上も仕事を流出させた後、わが国の製造業は、過去三年間で、約五〇万人分の雇用を増やした。キャタピラー社は日本から仕事を取り戻した。フォードはメキシコから仕事を取り戻した。そして今年、アップル社が、再びアメリカでマックを作りはじめる」

ここでオバマが表現しているのは、各国が互恵的な利益を得られる自由貿易秩序の建設ではない。その反対に、国内の製造業を支援し、輸出を促進することで海外の市場を収奪して自国の雇用を増やすという、典型的な近隣窮乏化政策である。

実際、オバマは、演説の中で、一言も「自由貿易」とは言っていない。

では、TPPは、どのように位置づけられるのであろうか。

オバマは、次のように言うだけである。

「アメリカの輸出を増やし、アメリカの雇用を支援し、アジアの成長市場における競争条件を公平にするために、TPPの交渉を完了させるつもりである」

つまり、オバマにとってTPPとは、日本で言われているような、新たな自由貿易のルール作りといったものではなく、単に他国の市場を収奪してアメリカの輸出と雇用を増やすための手段に過ぎないのである。

また、TPPは、GATT体制のころの工業中心の自由貿易ではなく、WTO以降の貿易投資協定であり、農業関税とサービス分野の非関税障壁を主たるターゲットとするものである。

農業とサービス産業は、アメリカにおいて特に競争力がある産業であり、それぞれアメリカの輸出の約一五%と約三〇%を占める。その意味でも、TPPが、アメリカの利己的な輸出拡大戦略の主要な武器であることは疑いの余地がない。

しかも、TPPによってアメリカが狙っている最大の市場は、日本である。

そのことは、二〇一三年四月一二日に日米両国で合意されたTPP交渉参加に向けての事前協議の結果を見れば、火を見るより明らかであろう。

USTR(アメリカ通商代表部)による事前協議結果の報告によると、日本側は、現在のTPP交渉参加国がすでに交渉した基準を受け入れることを約束させられただけではない。TPP交渉と並行して、日米間で非関税障壁を協議する場を設けることにも合意させられているのである。

その非関税障壁には、保険分野、投資のルール、知的財産権、政府調達、競争政策、宅配便、食品の安全基準、自動車の規制・諸基準やエコカー支援や流通など、極めて広範囲にわたっている。

TPP交渉においても、多分野にわたる非関税障壁が議論の対象となるというのに、周到なアメリカは、さらに加えて、日本の非関税障壁を改廃させようとしているのである。

しかも、「その協議の結果はTPP交渉におけるアメリカと日本の二国間における最終二国間市場アクセス包括協定における強制的約束として含まれる」とある。この協議で、アメリカの要望を受け入れて、国内制度を改廃した場合、それは法的拘束力をもつのである。つまり、もし、その国内制度の改廃が日本国民に大きな不利益をもたらすものとなっても、アメリカの同意なしには、是正できなくなるかもしれないのだ。

さらに、日本は、アメリカの自動車関税の撤廃延期をめぐって、米韓FTA以上にアメリカに有利な条件で合意させられている。

日本は、ここまで譲歩を重ねながら、その代償として、いったい何を得たのだろうか。農産品の保護だろうか。いや、違う。アメリカ政府によるTPP交渉参加の同意だけである。

USTRは報告書で、「アメリカ政府が一連の協議を成功裏に完結した」と凱歌をあげ、次のように述べている。

「日本は現在、アメリカの第四位の貿易パートナーである。二〇一二年にアメリカは七〇〇億ドルの産品を日本に輸出し、サービス分野は二〇一一年に四四〇億ドルに達した。TPPに日本が参加することは、アジア太平洋地域FTA（FTAAP）への道筋を進めると同時に、競争力のあるアメリカで生産された製品とサービスに対する日本市場のさらなる開放を意味する。そのことは同時にアメリカ国内の雇用を支えるのだ[*10]」

筆者は、二〇一一年三月に刊行した『TPP亡国論』の中で、TPPはアメリカが日本市場をターゲットにして、雇用を奪うための戦略であると主張し、TPP賛成論者から多くの批判を浴びてきた。

だが、USTRは、間違いなく、筆者の見解を支持することだろう。

▼中国との共存を模索するアメリカ

オバマ政権がとるであろう第二の戦略は、台頭する中国との衝突を回避し、共存を模索するということである。

オバマ政権は、二〇一一年以降、「アジア重視」の戦略を鮮明にしている。これについて、日本では、アメリカが膨張する中国を封じ込めようとしているのだとみなして歓迎する声があった。しかし、「アジア重視」の狙いは、中国封じ込めではない。

たとえば、二〇一一年、当時のヒラリー・クリントン国務長官は、「アメリカの太平洋の世紀」と題する論文の中で、アメリカと中国が相互に経済的な関係を深めることを提唱している。[*11]また、トム・ドニロン大統領補佐官も、オバマ政権のアジア重視は、中国封じ込めを意味するものではないと強調している。[*12]

このことは、ジョン・ケリーが国務長官に就任したことにも端的に表れている。というのも、ケリーとは、二〇一〇年一二月の講演において、中国問題について、次のように述べた人物だからである。[*13]

「中国の発展に感銘を受けるか失望するかにかかわらず、次の点をはっきりさせてほしい。アメリカは中国を必要とし、中国はアメリカを必要とするという単純な事実だ」

さらに、ケリーは、二〇一一年一一月にも、上院において次のように発言している。[*14]

「中国は多くの点においてアメリカの重要なパートナーである。また、アメリカへの主要な投資家である」

「アメリカは、米中両国に利益をもたらす互恵的なパートナーシップ、公平なパートナーシップを必要としており、もしお互いの主張に耳を傾け、誠実に協働するならば、米中両国が必要とする利益、安定そしてリーダーシップに貢献する、よりよい協力関係の枠組みに入ることができると私は信じている」

なお、ケリーは、二〇一三年初めの上院の国務長官指名承認公聴会において、著名な国際政治学者のヘンリー・キッシンジャーの言葉を引用しているが、そのキッシンジャーは、二〇一二年に「フォーリン・アフェアーズ」誌に「米中関係の未来―紛争は選択であって、必然ではない」と題する論文を寄稿している。その中で、キッシンジャーは、アメリカは台頭する中国と対決するのではなく、共存を図るべきだと主張し、「北京とワシントンが直面する重要な決定は、協力への努力に向けて動くか、国際的な競合関係の新たな歴史的パターンに陥るかだ」と述べたのである。*15

キッシンジャーの言う「国際的な競合関係の歴史的パターン」とは、明らかに一九世紀後半から二〇世紀初頭にかけての国際政治情勢を指している。

当時、覇権国家であったイギリスが相対的な地位を低下させ、新興国のドイツがイギリスの覇権に挑戦するようになり、それが第一次世界大戦へとつながった。覇権国家の衰退と新興国家の台頭は、世界秩序を著しく不安定化させるのである。

アメリカの後退と中国の台頭が同じような事態を引き起こさないよう、米中は協力関係の構築に向けて努力すべきである。現実主義者のキッシンジャーは、このように主張するのである。

米中の協力・共存を唱えるのは、キッシンジャーだけではない。ジョセフ・ナイもまた、二〇一三年一月二五日に「ニューヨーク・タイムズ」紙に寄稿し、「中国と協働せよ、封じ込めるな」と主張している。

すでに述べたように、ナイは、クリントン政権下において国防次官補を務め、冷戦終結後のアメリカ一極主義戦略の形成に関わった人物である。これまでナイは、日米同盟の重要性を訴えるとともに、日本にＴＰＰへの参加を促してきた。

そのナイが、中国に関し、次のように述べているのである。

「中国が中東のエネルギー資源により依存するなら、アメリカは船舶の自由航行を保障するために海洋規制を議論し、太平洋の海軍演習に参加させるべきである。アメリカは、中国がシェール・ガスのような国産エネルギー資源を開発することを手助けし、中国と日本が、二〇〇九年の海底ガス田の共同開発を再開するのを促すべきである。そしてアメリカは、もし中国が一定の基準に合致するならば、太平洋地域の自由貿易協定である

TPP交渉にも参加できることを、はっきりとさせるべきである。
封じ込めは、台頭する中国に対処するための政策ツールではない」[*16]

こうして見ると、アメリカの国家戦略が世界の歴史的な変化を見据えて、大きな転換を図ろうとしていることがはっきりとわかるだろう。

そこで想定されているのは、アメリカが覇権国家ではなく、複数の大国のうちの「同輩中の主席」にまで後退する多極化した世界である。これまでとはまったく異なる世界の到来に備えて、第二次オバマ政権は、自国中心主義的に国内の経済基盤の強化を最優先している。

そして、軍事大国・経済大国として台頭する中国を重視し、米中の決定的な対立を避け、共存・協力の関係を模索しようとしている。これは、一九四五年から一九八九年までの西側世界を守護する覇権国家としての戦略とも、一九八九年から今日までの一極主義的な戦略ともまったく異なる新たな戦略である。

実際、ジョセフ・ナイが提言した通り、アメリカ国防総省は、二〇一四年に、米国海軍が主催する「環太平洋合同演習」に、中国の人民解放軍が初めて参加する見通しだと発表している。[*17]

もちろん、中国は、国内に多くの問題をかかえており、順調に経済大国への道を歩み続けるとは限らない。[*18]「グローバル・トレンド2030」も、中国の国内社会が分裂して危機に陥る可能性を指摘している。

しかし、ここで本質的に重要なことは、中国の将来が実際にどうなるかではない。アメリカが、中国が軍事的・経済的に著しく台頭するという想定を置いた上で、その戦略を大きく転換しようとしていることが、問題なのである。

▼「TPPは中国封じ込め」という日本人の虚妄

このアメリカの新たな戦略は、日本にも極めて重大な影響を及ぼすであろう。なぜならば、もしアメリカが中国と共存・協力しようとするならば、尖閣諸島などをめぐって中国と緊張関係にある日本との同盟関係は、意義が著しく低下するからだ。いや、それどころか邪魔にすらなりかねない。

とりわけ、尖閣諸島の領有は日本の問題であって、アメリカにとっては、中国と武力衝突してでも守らなければならない利益は、尖閣諸島にはない。[*19]

アメリカが中国との共存・協力を目指している以上、TPPもまた、日本の一部の保守系論者が期待しているような中国包囲網ではあり得ない。

そもそもアメリカには、中国を封じ込める意志はなく、その能力すら疑わしい。実際、USTR次席代表（当時）のマランティスは、TPPは中国に対しても開かれており、中国を牽制する意図はないと明言していた。[*20]

この点に関連して、非常に興味深いエピソードがある。

先に、オバマ大統領の二〇一三年の一般教書演説から、「キャタピラー社は日本から仕事を取り戻した。フォードはメキシコから仕事を取り戻した」という下りを引用した。

ところが、元の演説原稿[*21]では、この後に、「これまで中国など他国に工場を設置してきたインテルは、国内に最先端の工場を開設している」という一文が続いていた。それが、実際の演説では、落ちたのである。[*22]

言うまでもなく、オバマ大統領は、中国を刺激しないようにという配慮から、中国市場からの雇用の収奪を示唆する一文を削除したのであろう。だが、その外交上の配慮は、同盟国である日本に対しては、なされなかったのである。

▼TPPを拒否した中国

冷戦期の自由貿易は、ソ連封じ込め戦略の一環であった。しかし、TPPは、中国封じ込め戦略ではない。

むしろアメリカは、ナイが提言するように、ＴＰＰに中国を参加させ、中国との経済連携を強化することで、アジア太平洋地域の安定化を図ろうとしているのである。安倍首相も、各国との経済的依存関係の深化が日本の安全保障にも寄与すると述べている。

ＴＰＰが日本の安全保障に資するとするならば、それは中国が参加することにあるのであって、中国を包囲することではない。少なくとも日米両政府はそう考えているのである。もし、日本政府がＴＰＰによって中国を包囲するつもりであるならば、他方で日中韓ＦＴＡ（自由貿易協定）を進めていることが、理解不可能になってしまうだろう。

キッシンジャーもまた、米中対立を回避するため、アメリカと中国が経済連携を進めるべきだと主張している。ただし、彼は、ＴＰＰには批判的である。

たしかに、オバマ政権は、中国に対して、ＴＰＰへの参加を促している。しかし、ＴＰＰは、中国の国内構造を根本的に改変するような要求を含んでいたため、中国側は警戒して、これを拒否した。さらに悪いことに、中国はＴＰＰに対抗する構想として、ＡＳＥＡＮ（東南アジア諸国連合）、日本、韓国との経済連携を打ち出した。ＴＰＰは、米中の経済連携の強化ではなく、逆に、アジア太平洋地域を競合する二つの経済ブロックに分割する方向へと作用してしまったのである。
このキッシンジャーのＴＰＰに対する批判は、オバマ政権のアジア戦略の急所を鋭く突いている。
ＴＰＰには、一方では、アメリカが輸出を拡大してアジア市場を収奪することによって、自国の経済力を強化するという狙いがあった。それゆえ、ＴＰＰは、冷戦終結後のアメリカの利己的な一極主義的な通商戦略を踏襲し、他国の国内制度や経済構造をアメリカ企業に都合のよいように改変するものとなっている。だから、ニュージーランドの国際経済法学者ジェーン・ケルシーは、ＴＰＰを「異常な契約」[*23]と呼んだのであり、ノーベル経済学賞受賞者のジョセフ・スティグリッツは「アメリカの利益集団による管理貿易協定」だと述べたのである。[*24]
しかし、ＴＰＰがこのようなアメリカ一極主義的なものである限り、中国が参加することは不可能である。それゆえ、自由貿易の熱心な擁護者として有名な経済学者ジャグディシュ・バグワティですら、ＴＰＰは、特定の企業や産業の利益誘導に使われており、アジア太平洋地域に、中国を排除したブロック経済をもたらすものだと批判するのである。[*25]

▼アメリカのTPP戦略の大いなる矛盾

中国が参加しないのであれば、TPPによる経済連携が日本の安全保障やアジア太平洋地域の安定に寄与することもあり得ない。

ここに、アメリカのTPP戦略の深刻な矛盾がある。

アメリカは、TPPによって、輸出拡大により自国の雇用を増やして経済力を強化するとともに、中国との協調によってアジア太平洋地域を安定化させることを目指した。

しかし、この二つの戦略目標は、同時には達成し得ない。市場を収奪しようとする相手と協調的な関係を形成しようというのは、あまりにご都合主義的であり、無理というものだ。要するに、アメリカのTPP戦略は、完全に破綻しているのである。

そして、このTPP戦略の破綻は、アメリカの覇権国家からの転落を如実に示すものである。すなわち、他国を収奪して自国の雇用を確保しなければならないほど国力が低下したアメリカには、各国が互恵的な利益を得られる公平な国際経済秩序を構築する能力は、もはやないということである。

しかも、仮にTPPに中国が参加し、日米中の経済連携が進んだとしても、それが安全保障に寄与するという保証はない。

たとえば、現在、日中韓ＦＴＡに向けての動きが始まっているが、中国や韓国との領土や歴史認識をめぐる対立は緩和するどころか、エスカレートすらしている。

中国や韓国にとって、領土や歴史観といったナショナル・アイデンティティの価値は、経済的価値よりも上位に位置している。安全保障問題は、経済的相互依存の深化だけでは解決できないのだ。

それは、アメリカも同じである。日本がＴＰＰに参加して経済的利益を差し出したとしても、アメリカが、それを理由に尖閣諸島を中国の侵略から守るために犠牲を払うようなことはあり得ない。領土の防衛は、自国の防衛力の強化によって対処するしかないのである。

▼日米の「国民」を置き去りにするＴＰＰ

ＴＰＰに安全保障上の意義がないのであれば、日本がこれに参加することの意味は、単にスティグリッツの言う「アメリカの利益集団による管理貿易協定」の管理下に置かれ、一部の大企業や投資家に都合がよいように、日本の経済社会を改造させられるということでしかなくなる。

しかもＴＰＰは、アメリカの雇用を増やし、アメリカの経済力を回復させることにも失敗するだろう。

アメリカがＴＰＰにおいて目指しているのは、主に農業分野とサービス分野の輸出である。しかし、アメリカのアグリビジネスは資本集約的なので、雇用吸収力が低い。サービス業についても、そのほとんどが、銀行や保険、コンサルティング、ソフトウェア関連のサービスなど、高学歴者によって担われるものである。

それゆえ、アメリカの輸出が伸びても、その恩恵を被るのは一部の資本家と高学歴者だけであって、一般国民には裨益《ひえき》しない。むしろ、アメリカの格差という社会矛盾をいっそう拡大するだけに終わる。スティグリッツが指摘するように、ＴＰＰは日本だけでなく、アメリカの「国民」にも不利益をもたらすものなのだ。[*26]

▼日本の選択

繰り返すが、日米同盟と自由貿易が、戦後日本にもたらした経済的繁栄は、冷戦期における特殊な条件が生み出した僥倖《ぎょうこう》に過ぎなかった。冷戦が終結すると、アメリカは一極主義へと戦略を転換したが、日本は日米同盟と自由貿易という従来の路線に固執した。その代償が「失われた二〇年」である。

現在、アメリカは、覇権的な地位の喪失や中国の台頭といった世界の地殻変動に備え、再び新たな戦略を打ち出そうとしている。ＴＰＰは、そのアメリカの新戦略の一部である。

それにもかかわらず、日本は、冷戦期の成功体験を忘れられず、日米同盟と自由貿易という基本路線の延長で、ＴＰＰに参加するという愚を犯そうとしている。

では、世界の歴史的な大転換とアメリカの新たな戦略に備えて、日本は、いかなる選択をすべきなのだろうか。

第一に、アメリカは、従来の軍事的な一極主義からは後退し、中国の封じ込めではなく、米中の協調・共存を模索しようとしている。そうなると、アメリカにとって日米同盟の意義は著しく低下し、日本は、中国の侵略から領土を守るのに、アメリカには依存できなくなる可能性が高まる。これに対処するには、日本が自らの防衛力を格段に強化するしかない。日米同盟の強化は必要だが、それはアメリカへの依存を深めることによってではなく、日本の防衛力をより強化することによってでなければならない。

第二に、アメリカは軍事の一極主義からは後退するが、他方で、経済の一極主義を放棄しようとはせず、ＴＰＰによって各国の国内制度や経済社会を新自由主義的に改造しようとしている。しかし、それは過去二〇年間のグローバル化による矛盾を拡大し、日本のみならず、アメリカ自身の国力をも衰退させることになる。

▼各国の自律性を奪うTPPを拒否せよ

このアメリカ主導のグローバル化に対して、日本は抵抗すべきである。

日本は、アメリカの一極主義＝グローバル化に異を唱え、それに代わる経済秩序として、各国経済の多様性を重視し、各国の経済運営の自律性と自由貿易を両立させる「埋め込まれた自由主義」への回帰を提案すべきである。カーシュナーが強調するように、グローバル化は、アメリカ一極主義の産物であって、「不可避のものでも、不可逆のものでもない」[*27]のだ。

グローバル化に批判的なスティグリッツもまた、日本はアメリカに対してより自立すべきであると助言している。[*28]日本の自立とグローバル化に対する抵抗は、日本自身のためだけではなく、他ならぬアメリカのためでもある。そして、日本の自立のためには、日本の防衛力の増強もまた必要となろう。

TPP交渉に参加するのであるならば、日本は、交渉の中で「埋め込まれた自由主義」への回帰を提案すべきであろう。幸いなことに、自由民主党外交・経済連携本部TPP対策委員会の「TPP対策に関する決議[*29]」は、「埋め込まれた自由主義」にふさわしい提案となっている。

もし、アメリカがこの提案を受け入れないのなら、日本は交渉から離脱するか、TPPの批准を拒否すべきである。

交渉からの離脱や批准の拒否は、経済におけるアメリカ一極主義を否定するというメッセージを世界に対して発信することになる。それは日米関係を著しく損なうであろうか。

もちろんアメリカは、公式の外交の場においては、日本に対する失望を表明してみせるに違いない。しかし、私的な場においては、アメリカ人は、日本人の独立心と堂々たる正論を高く評価するだろう。反対に、日本が唯々諾々《いいだくだく》とアメリカの要求を受け入れれば、アメリカは公式の場では日本を評価してみせるが、内心では、日本人の卑屈さと臆病を軽蔑するだろう。

しかも、「埋め込まれた自由主義」の提案は、オバマ大統領の本来の政治理念とも合致するはずである。というのも、オバマ大統領は、大統領候補だったころ、NAFTAを批判して、次のように語っていたからである。

「もし、我々が貿易の結果としての失業等の問題にもっと考慮を払い、競争により人々を奈落の底に落とすのではなく、労働や環境の基準が、世界中の生活水準を押し上げるように作用し得ると心から信じることができるようになるならば、それによって、初めて、我々は自由貿易の利益を享受できるのだ。そして、それが持続的な成果を生み、長期にわたり政治的な支持を勝ち得るものとなるのだ[*30]」

そして、安倍首相もまた、政権を奪取した二〇一二年末の衆議院議員総選挙の前、次のように述べていた。

「私は瑞穂の国には、瑞穂の国にふさわしい資本主義があるのだろうと思っています。自由な競争と開かれた経済を重視しつつ、しかし、ウォール街から世間を席巻した、強欲を原動力とするような資本主義ではなく、道義を重んじ、真の豊かさを知る、瑞穂の国には瑞穂の国にふさわしい市場主義の形があります[*31]」

もし、オバマ大統領と安倍首相が、現在の地位に就く前に表明した、この美しい理念を今も忘れていないのだとしたら、両者は、各国社会の固有性と自由貿易を両立させた「埋め込まれた自由主義」への回帰で合意できるはずである。

そして、それこそが、日本が同盟国であるアメリカとともにつくるべき、新しい経済圏の姿なのである。

註

＊1　http://www.dni.gov/index.php/about/organization/global-trends-2030

＊2　「環太平洋パートナーシップ（ＴＰＰ）協定の概要」　http://www.mofa.go.jp/mofaj/gaiko/tpp/pdfs/nego_gaiyo.pdf

＊3　Alfred E. Eckes, 'Trading American Interest', *Foreign Affairs*, 135-154,1992.

＊4　John Ruggie, 'International Regimes, Transactions and Change: Embedded Liberalism in the Post War Economic Order', International Organization, 36.2:379-415,1982.

＊5　伊藤貫『自滅するアメリカ帝国─日本よ、独立せよ』文春新書、二〇一二年、六三、六四ページ

＊6　Jonathan Kirshner, 'Globalization, American Power, and International Security', *Political*

Science Quarterly, Vol.123, No.3, 2008.

＊7　新自由主義的な構造改革と「失われた二〇年」の関係については拙著『レジーム・チェンジ—恐慌を突破する逆転の発想』（ＮＨＫ出版新書、二〇一二年）を参照されたい。

＊8　http://www.acus.org/event/global-trends-2030-us-leadership-post-western-world

＊9　http://www.whitehouse.gov/state-of-the-union-2013#webform

＊10　ＵＳＴＲによる事前協議結果の報告は、次を参照。　http://www.ustr.gov/sites/default/files/04132013%20Japan%20OVERVIEW%20factsheet%20FINAL_1.pdf　訳文は、首藤信彦氏による仮訳を参照。　http://www.yamabiko2000.com/modules/wordpress/index.php?p=330

＊11　Hillary Clinton, 'America's Pacific Century', *Foreign Policy*, November 2011.

＊12　「２０１３年の米国とアジア太平洋」—トム・ドニロン大統領補佐官（国家安全保障担当）によるアジア・ソサエティーでの講演（草稿）　http://japanese.japan.usembassy.gov/j/p/tpj-20130326a.html

＊13　http://www.americanprogress.org/wp-content/uploads/events/2010/12/inf/kerrytranscript.pdf

＊14　http://www.kerry.senate.gov/press/release/?id=cfcf0459-2884-47ca-88b8-519fefb8f71

＊15　Henry A. Kissinger, 'The Future of U.S.-Chinese Relations: Conflict Is a Choice, Not a

Necessity', *Foreign Affairs*, March/April 2012.

＊16 Joseph S. Nye Jr., 'Work with China, Don't Contain It' http://www.nytimes.com/2013/01/26/opinion/work-with-china-dont-contain-it.html?partner=rssnyt&emc=rss&_r=0

＊17 東京新聞「14年の米海軍多国間演習　中国、初参加」 http://www.tokyo-np.co.jp/article/world/news/CK2013032302000247.html

＊18 中国が内部にかかえるリスクについては、拙著『日本防衛論―グローバル・リスクと国民の選択』（角川SSC新書、二〇一三年）第五章を参照されたい。

＊19 James Holmes, 'Rock Fight' http://www.foreignpolicy.com/articles/2012/09/28/rock_fight

＊20 ロイター「TPP交渉は中国けん制が目的ではない＝米次席通商代表」 http://jp.reuters.com/article/worldNews/idJPTYE87804420120809

＊21 http://www.nytimes.com/2013/02/13/us/politics/obamas-2013-state-of-the-union-address.html?pagewanted=all&_r=0

＊22 この件は、東谷暁氏の示唆による。

＊23 ジェーン・ケルシー編著『異常な契約―TPPの仮面を剝ぐ』環太平洋経済問題研究会、株式会社農林中金総合研究所ほか訳、社団法人農山漁村文化協会、二〇一一年

＊24　コロンビア大学のスティグリッツ教授のインタビューの概要　http://www.nhk.or.jp/bizplus-blog/100/150051.html#more
＊25　Jagdish Bhagwati, 'America's Threat to Trans-Pacific Trade' http://www.project-syndicate.org/commentary/america-s-threat-to-trans-pacific-trade
＊26　江渕崇「ＴＰＰ『日米国民のためにならぬ可能性』米大教授」http://www.asahi.com/business/update/0322/TKY201303220320.html?tr=pc
＊27　Kirshner(2008: 367)
＊28　国際ジャーナリスト大野和基の Behind the Secret Reports「ジョセフ・E・スティグリッツ／Joseph E. Stiglitz」http://www.globe-walkers.com/ohno/interview/stiglitz.html
＊29　「ＴＰＰ対策に関する決議」http://www.jimin.jp/policy/policy_topics/pdf/pdf091_1.pdf
＊30　『異常な契約』六三ページ
＊31　安倍晋三「新しい国へ――戦後の歴史から日本という国を取り戻したい」「文藝春秋」二〇一三年一月号、一二九ページ

第二章　米国主導の「日本改造計画」四半世紀

関岡英之

関岡英之（せきおか ひでゆき）評論家・ノンフィクション作家
一九六一年、東京都生まれ。一九八四年、慶應義塾大学卒業後、東京銀行（現三菱東京UFJ銀行）入行、約一四年間勤務の後に退職。二〇〇一年、早稲田大学大学院理工学研究科修士課程修了、執筆活動に入る。著書は、第七回蓮如賞を受賞したデビュー作『なんじ自身のために泣け』（河出書房新社）、「年次改革要望書」による米国の内政干渉を世に知らしめ二四刷のロングセラーとなった『拒否できない日本―アメリカの日本改造が進んでいる』（文春新書）、TPPに関する『国家の存亡』（PHP新書）など多数。

▼すべての発端は「日米構造協議」

TPPはそれ単体で見ているだけではその本質を理解することはできない。物事にはすべからく原点、すなわち端緒となった出来事と、その後の経緯というものが必ず存在する。TPPも過去の日米交渉の延長線上に浮上してきたものである。それゆえ、これまでの日米間の通商交渉の来歴を検証することなしにはTPPについて語り尽くすことはできないはずだ。何よりも、歴史から教訓を学ばぬ者は同じ過ちを繰り返すであろう。

日米通商交渉は一九七〇年代の繊維交渉に始まる。対日貿易赤字に苦しんだ米国側が提起してきたものだ。その後、対象品目は鉄鋼、カラーテレビ、牛肉・オレンジ、自動車、半導体等へと拡大の一途をたどった。八〇年代には、エレクトロニクス、電気通信、医薬品・医療機器、林産物、輸送用機器の五大分野を包括した「市場志向型分野別協議」いわゆるMOSS協議というものも行われた。

しかし一九八九年、すなわち平成元年に始まった「日米構造協議」は、それまでの通商交渉とはまったく次元の異なるものであった。昭和の時代に繰り広げられた通商交渉は、あくまでも個別の具体的品目の貿易に関する交渉であった。

だが、「日米構造協議」で米国側が提起してきたアジェンダは、「貯蓄・投資パターン」「土地利用」「流通機構」「価格メカニズム」「系列」「排他的取引慣行」といった、貿易とは無関係で、しかも目に見えない抽象的なものばかりだったため、日本側を困惑させた。このときから日米間の交渉は、もはや個別の産業分野にとどまらず、わが国の経済・社会構造そのものを俎上に載せるという、新たな段階に移行したのである。

米国は、積年の通商交渉にもかかわらず対日貿易赤字が一向に改善されない事態に業を煮やし、ついに日本の経済・社会構造そのものを米国にとって都合のいいものに改造するという禁じ手に舵を切った。その後の「年次改革要望書」から現下のTPPにいたる、「米国主導の日本改造」の歴史は、「日米構造協議」を嚆矢《こうし》としていると言ってよい。

当時ジャパン・バッシングの急先鋒《きゅうせんぽう》の一人であったジェームズ・ファローズは「叫ぶのをやめて、ルールを変えよう」と提案した。*1 オバマ政権がTPPに託した最大の戦略目標とされる「米国の、米国による、米国のためのルール・メイキング」という構想は、「日米構造協議」にその萌芽を認めることができる。

▼「日米構造協議」とは何だったのか？

「日米構造協議」で米国側が突きつけてきた要求は、「貯蓄率を下げよ」「卸売・小売といった階層的な流通機構を簡素化せよ」「系列取引を廃止せよ」といった、日本にとっては「日本であることをやめよ」と言われるに等しい由々しきものばかりであった。*2 当然、日本国内からは「これは内政干渉だ」「第二の占領だ」といった反発の声が沸き起こった。

それは極めて真っ当な反応であったが、奇妙なことに、米国への反発を諫《いさ》める声が日本の内部から出てきて、「米国の指摘はもっともだ」「米国の要求事項は、本来日本が自ら取り組むべき課題だ」「日本は改革すべきだ」「改革しなければ日本はおしまいだ」といった方向へ世論が誘導され、やがてはそれが大勢となり、米国への反発はいつしか影を潜め、結局は米国の要求を受け入れる仕儀となってしまったのである。

実は「日米構造協議」というターミノロジー自体が「対米配慮」の産物なのだ。もともと米国側が提案してきたものだから、原語は当然英語である。原語はStructural Impediments Initiativeで、米国人はこれをSIIと略称している。それを直訳すれば、「構造障壁イニシアティブ」となるはずである。つまり本来の字義は、「日本に存在する（と米国が主張する）構造的な非関税障壁を、米国のイニシアティブによって撤廃させる」というものだ。しかし、これでは内政干渉を許容することになり、日本政府は「対米追随外交」の誹《そし》りを免れず、国民の間で反米感情が沸騰しかねない。そこで「イニシアティブ」という本来「主導権」を意味する英語をあえて「協議」と意図的に誤訳して、あたかも対等な立場での外交交渉であるかのごとく粉飾したわけである。

しかし「日米構造協議」の目的は、米国の対日輸出を拡大することにより、対日貿易赤字を縮小し、米国人の雇用を守るということに尽きる。あくまでも米国発の、米国主導による、米国の国益のための「日本改造」に他ならなかった。

これは、オバマ政権が日本にＴＰＰへの参加を促した構図とまったく同一である。大統領就任後初めて来日した二〇〇九年、オバマ氏は東京赤坂のサントリーホールで講演した際にＴＰＰに言及し、「米国の輸出を倍増することにより、米国内の雇用を拡大する」と明言した。米国が自国の国益のために日本を利用しようとするスタンスは、今も昔も基本的に変わりがない。その意味で、やはり「日米構造協議」こそ、ＴＰＰの原点なのだ。

▼「日米構造協議」から「年次改革要望書」へ

「日米構造協議」は、米国が日本の内政に踏み込み、日本の法律や制度を米国にとって都合のいいように「改革」させることに成功した最初のフレームワークであった。中でも日本の経済社会に甚大な影響を及ぼしたのは大規模小売店舗規制法の改正である。

日本市場への進出を目論《もくろ》むウォルマートやトイザらス等の大手流通企業の意向を受け、米国政府は日本政府に大型小売店の出店規制を緩和するよう圧力をかけた。日本政府が米国政府の要求に応じた結果、全国の地方都市の駅前商店街が壊滅し、軒並みシャッター通りと化してしまったことは周知の通りである。

「日米構造協議」は二年間という時限つきの合意であったが、これで味をしめた米国は、そのメカニズムを恒久化することを次の外交課題とした。それを実現したのが一九九三年に合意された「日米経済包括協議」である。この新たなフレームワークの下で、翌九四年から開始されたのが「年次改革要望書」である。

「年次改革要望書」は、一九九四年の村山政権から二〇〇八年の麻生政権までの一五年間、毎年下半期の日米首脳会談の際に提出された外交文書である。原語はAnnual Reform Recommendationsで、本来は「勧告書」を意味する〝上から目線〟のリコメンデーションズという英語が懇願調の「要望書」と和訳されているが、ここではそれを問うまい。

重要なのはアニュアルという言葉だ。つまりこれは、個別の案件が発生したときに突きつけられたアドホックな文書ではなく、毎年毎年、定例的に提出され、対象範囲も広範かつ包括的なもので、まさに「日米構造協議」の恒久化そのものであった。

「日米構造協議」を提起したのは共和党のブッシュ・シニア政権だったが、「年次改革要望書」を導入したのは民主党のクリントン政権だった。それは共和党のブッシュ・ジュニア政権にそのまま継承された。つまり「米国主導の日本改造」は、共和・民主の党派を超えて国策として推進されてきたのだ。

「年次改革要望書」も極秘文書ではない。在日米国大使館の公式ホームページで公開されてきた、れっきとした公文書だ。これは陰謀ではなく、おおやけの対日政策なのだ。だが、その存在は、筆者が二〇〇四年に刊行した『拒否できない日本』[*2]で紹介するまで、日本国内でほとんど知られることがなかった。日本政府が説明責任を果たさず、マスコミが報道責任を果たさなかったからだ。

マスコミが知らなかったわけではない。在日米国大使館では、毎年、「年次改革要望書」の最新版を記者クラブで配布し、ブリーフィングまで行っていた。にもかかわらず、マスコミはほとんどそれを国民に伝えなかった。そのため、国民はもちろん、当時与党だった自民党の国会議員の多くでさえ、「年次改革要望書」の存在を知らなかった。筆者は『拒否できない日本』刊行後、自民党内の勉強会に招かれるようになって逆に驚いたものだ。

▼「年次改革要望書」には何が書かれていたか

「年次改革要望書」の内容は、「個別分野」と「分野横断的テーマ」に大きく分けられる。「個別分野」として採り上げられたのは「通信」「IT」「医薬品・医療機器」「金融」「流通」などで、「医薬品・医療機器」を除くすべてがサービス分野である。米国の関心はすでに九〇年代において、物品からサービス分野へと重点シフトしていた。そして物品の関税に相当するのが、サービス分野では規制や制度などの「非関税障壁」であり、それらを撤廃させることこそ、米国が日本に「改革」を要望する最大の動機なのである。

さらに見逃せないのは「分野横断的テーマ」で、ここで採り上げられたのは「競争政策」「商法・司法制度」「行政慣行」「通商」「民営化」などである。「競争政策」とは俗に「経済憲法」と言われる独占禁止法のことで、「商法」は言うまでもなく六法のひとつ、日本という国家の基本法だ。さらに「司法制度」や「行政慣行」が対象となっている。

つまり、「年次改革要望書」における「分野横断的テーマ」は、個別の産業分野にとどまらず、日本の経済・社会全般にかかわるばかりか、立法・行政・司法の三権、つまり国家の主権の領域にまで及んでいたのだ。事の重大性は、強調してもしきれない。

しかも、「年次改革要望書」は単なる役人の作文ではない。言いっぱなしで放置されていたわけではないのだ。米国の要望事項は、日本政府の担当官庁に切り分けられ、それぞれ法改正や規制緩和など、政策として実現されてきた。

たとえば、「競争政策」に関する要望は、小泉政権時代の二〇〇五年に独禁法の大改正として実現している。「商法」に関する要望は、やはり小泉政権下で商法改正や会社法の制定という形で実現した。「司法制度」に関する米国の「要望」は、これまた小泉政権下で断行された司法制度改革によって実現、「民営化」はもちろん郵政民営化のことで、「構造改革の本丸」として小泉政権最大の業績とされている。

米国が「年次改革要望書」で日本に突きつけてきた要望は、日本の歴代政権で現実の政策として実現されてきたが、中でも五年五ヵ月という戦後三番目の長期政権を誇った小泉政権こそ、「年次改革要望書」に盛り込まれた積年の課題を一挙に消化した、最も米国に忠実に貢献した政権だったのである。

▼TPPとともに蘇《よみがえ》る構造改革

安倍政権が担うTPP交渉への最大の懸念はここに発する。安倍総理は「自民党には交渉力、突破力がある」と豪語する。また、TPP参加推進派の中には、「国益に反する要求は拒否すればいい、場合によっては協定書の批准を拒否すればいい」と勇ましく主張する向きもある。

だが、筆者は『拒否できない日本』というタイトルの著書で世に出た人間だ。言うまでもなくこれは、「米国の要求を拒否できない日本」という含意である。日本が対米交渉で主導権を発揮したためしがないことは、「日米構造協議」以来の日米交渉の歴史をひもといてみれば自明のはずだ。TPPにおけるルール・メイキングを日本が主導することなど米国が容認するわけがない。

自民党が民主党より交渉力があるであろうことは、筆者も異論はない。だが、これはそもそも能力の問題ではない。対米スタンスの問題だ。そして、「日米構造協議」から「年次改革要望書」にいたる「米国主導の日本改造」が展開されたのは、他でもない自民党政権時代のことなのだ。中でも米国の要望に最も忠実だったのは、圧倒的な「政策実現能力」を発揮した小泉政権だったことはすでに示した。それゆえに自民党がいかに有能か、安倍総理や首席交渉官率いる交渉チームがいかに優秀かを強調しようと、「日米構造協議」以来の歴代自民党政権の対米追随外交の苦い歴史を前にしてはまったく意味をなさないのである。

そして、第二次安倍政権が、戦後最も対米追従的だった小泉政権の路線を忠実に踏襲しようとしていることは明白だ。第二次安倍政権は、小泉政権時代に猛威を振るい、民主党政権によって廃止された経済財政諮問会議と規制改革会議の復活を即座に断行した。

さらに、小泉氏が重用した竹中平蔵氏を新設の産業競争力会議に起用した。竹中氏は「規制改革が一丁目一番地」と主張し、それが「アベノミクス」の三本目の矢の成長戦略として推進されている。そこで検討されている規制改革案は、混合診療の解禁をはじめとして、かつて小泉政権時代に構造改革として検討されたものばかりだ。

また、竹中氏や楽天の三木谷浩史会長兼社長など産業競争力会議のメンバーは、「成長戦略を実現するためにもＴＰＰ参加が必要」と主張して、ＴＰＰ交渉参加表明へ向けての安倍総理の決断を促した。規制改革とＴＰＰ参加は不即不離の関係にあり、今や渾然《こんぜん》一体となって推進されようとしている。それは強引な牽強付会《けんきょうふかい》ではなく、むしろ必然なのだ。

第二次安倍政権がＴＰＰ参加と規制改革を車の両輪のごとく位置づけているのは、小泉政権が「年次改革要望書」と構造改革を表裏一体で推し進めたことの文字通りの再演《リバイバル》に他ならない。

「ＴＰＰは規制改革の塊」と表現されることがある。これはＴＰＰを貿易自由化問題、つまり単なる関税交渉と考えていると理解が難しいかもしれないが、本書を手に取った読者諸賢は、ＴＰＰが二四の作業部会を擁し、二〇以上のテーマを扱う包括的な経済連携協定であることをすでにご存じだろう。物品の関税交渉などTPPのごく一側面に過ぎない。むしろ日本に構造改革路線を復活させ、米国が固執する「非関税障壁」の撤廃を迫り続けることこそ、米国が日本にTPP参加の圧力をかけ続けてきた真意なのである。

▼非関税分野こそ主戦場

自民党もそのことは正確に認識していたはずだ。二〇一二年一二月の衆議院総選挙の際、自民党が公表した政権公約『J－ファイル２０１２』では、TPPに関し次の六条件が掲げられている。

1. 政府が、「聖域なき関税撤廃」を前提にする限り、交渉参加に反対する。
2. 自由貿易の理念に反する自動車等の工業製品の数値目標は受け入れない。
3. 国民皆保険制度を守る。
4. 食の安全安心の基準を守る。
5. 国の主権を損なうようなISD条項は合意しない。
6. 政府調達・金融サービス等は、わが国の特性を踏まえる。

関税にかかわるものは最初の一項目だけで、六条件のうち五条件が非関税障壁にかかわるものだ。そのどれもが日本に規制緩和や構造改革を迫るものであり、国民生活や国家主権にもかかわる重大な内容を含んでいる。自民党の公約は、ＴＰＰの本質を見極め、要諦を網羅し、的を射たものであると評価できる。

「日米構造協議」が、日本に構造改革を迫ることで、日本に存在する（と米国が主張する）非関税障壁の撤廃を目論むものであったことは再三触れた。日米交渉の歴史を踏まえれば、「日米構造協議」の延長線上に位置づけられるべきＴＰＰの主戦場は、関税分野よりもむしろ非関税分野にあると言っても過言ではない。

▼官僚と結託するマスコミ

にもかかわらず、マスコミがＴＰＰ問題を報道する際は、しばしば「農業対製造業」「ＪＡ対日本経団連」の図式に見られるように、なぜか関税問題のみに焦点を当てた偏向した採り上げ方に終始する。

これに関して筆者は非常に奇異な光景を目撃した。二〇一三年二月七日に自民党の「ＴＰＰ参加の即時撤回を求める会（現在は「ＴＰＰ交渉における国益を守り抜く会」に改称）」という議員連盟の会合を傍聴したときのことだ。この日、会場には政府部内でＴＰＰ参加を画策している外務省と経済産業省の官僚が呼びつけられていた。

自民党のTPP反対派の議員たちは、前記の自民党の六条件が日本政府の方針と一致することをその場で確認するよう官僚に要求した。ところが出席していた官僚は、「『聖域なき関税撤廃』を前提にする限り交渉参加に反対する」というのが政府の方針でございます、と答弁した。自民党議員たちが「それでは後の五条件はどうなるのか、自民党としてはあくまでも六条件がセットだ」と迫ると、官僚は同じ答弁を繰り返し、非関税分野に関する五条件に決して言及しようとしないのである。

議連の会長である森山裕衆議院議員が立ち上がって「これは重大なポイントですから」と厳しく詰め寄ると、官僚たちは鳩首《きゆうしゆ》協議したうえで「『聖域なき関税撤廃』を前提にする限り交渉参加に反対する等《とう》」というのが政府の方針でございますと、「等」という霞ヶ関文学の常套《じようとう》句《く》を使ってお茶を濁し、結局最後まで関税分野以外の五条件を政府方針として確認することを拒み通したのだ。

これには驚いた。自民党は六条件を公約として掲げて総選挙に勝利し、政権に復帰した。六条件は言わば国民の民意だ。にもかかわらず、官僚は与党の議員たちの指示に従わず、面従腹背の態度を隠そうともしなかったのだ。これは議院内閣制を揺るがす事態と言っても過言ではない。だが、もっと驚いたのは翌日の新聞の朝刊を開いたときだった。前日の自民党の会合について日本経済新聞は次のように報道している。

慎重派議員による「TPP参加の即時撤回を求める会」が開いた7日の会合。「聖域無き関税撤廃を前提とする限り交渉参加に反対」との公約の「聖域」の解釈を巡り、森山裕会長は「これまでの経済連携協定（EPA）で守られているものを守るのが一つの基準」と主張した。農産物だけで約840品目の例外を得られなければ公約を満たさないというわけだ。*3

産経新聞はより直接的に、農産物の関税問題のみが会合における唯一の焦点だったかのようにゆがめる書き方をしている。

「聖域なき関税撤廃」を掲げる環太平洋戦略的経済連携協定（TPP）交渉参加に向け、関税撤廃の例外が認められるかどうかが最大の焦点になってきた。自民党の反対派は7日の会合で、農林水産物などの関税維持を確認した。（中略）自民党の「TPP参加の即時撤回を求める会」の森山裕会長は7日の会合後、従来通りの関税死守を交渉参加の判断基準とする考えを記者団に強調し、7月の参院選を前に反対の圧力を強めた。*4

これらの記事を読んだ一般の読者は、自民党内の慎重派の議員たちがTPP交渉参加に反対しているのは、従来同様、農産物の関税のみにこだわっているためだと、誤った解釈を刷り込まれたであろう。

それ以外に非関税分野にかかわる五条件が存在することや、それをめぐって議員たちと官僚との間で激しい応酬があったことは一切報道していないのだ。

その会合はオープンであり、多くのマスコミの記者がさかんにメモをとっていた。ところが報道された内容は、その日、現場で実際に起きたこととは懸け離れていた。報道内容が官僚側の意向を忠実に反映して歪曲《わいきょく》されたことは明白だ。

ここに問題の核心がある。「この国」には、目に見えない情報の壁が存在する。江藤淳はそれを「閉ざされた言語空間」と呼んだ。マスコミが官僚と結託して情報を操作し、真実を国民の目から覆い隠している。一般の国民はもちろん、国民が選挙で選んだ代表である国会議員、それも与党自民党の議員され蔑《ないがし》ろにされている。

これは郵政民営化のときと同じだ。郵政民営化も「年次改革要望書」に明記された米国の要望事項だった。多くの自民党議員は当初それを知らなかった。だが、筆者を党内の勉強会に呼んで知るにいたった。そこから党内を二分するあの「造反」のうねりが起きていった。その経緯は、当時自民党のオピニオン・リーダーの一人だった小林興起氏の『主権在米経済』[*5]に詳細に記録されている。

だが当時、政府（官僚）は説明責任を果たさず、マスコミは報道責任を果たさなかった。その結果、正当な情報を与えられなかった多くの国民は総選挙で間違った選択をしてしまった。

情報を与えずに「イエスかノーか」と選択を迫り、責任を国民だけに押しつけるのは控えめに言っても卑劣である。官庁とマスコミのこうした不透明な癒着構造と、結果責任を負おうとしない無責任体質は、TPPに関してもまったく変わっていない。これは民主主義の根幹にかかわる問題である。

▼「改革」という魔語の呪縛

なぜこのようなことが起きるのか。筆者は官庁やマスコミにパイプが一切ないので、それぞれの内部でどのようなことが行われているのかは知る由もない。だが、少なくとも米国が直接圧力をかけているとは思えない。そもそも米国は「年次改革要望書」を隠蔽していないし、それどころか、多くの日本国民の目に触れるよう、わざわざ邦訳版まで作って公開している。隠そうとしているのはむしろ日本側である。

外圧でないとすれば何なのか。これに関して、元毎日新聞経済部記者の行友弥《ゆきともわたる》氏が、マスコミ内部の状況について興味深い事実を開陳している。*6

全国紙がTPP推進論一色であることについて、行友氏は「圧力に屈しているならまだ救いがある。そうでないから余計に問題だ」と指摘している。行友氏自身は、現役時代もTPPに批判的な記事を書いている良識派の記者だった。

TPPに関する拙著『国家の存亡』*7で、筆者は行友氏の署名記事を「優れた分析報道」として引用したこともある。行友氏の記事は個人的見解ではなく、過去の経緯を踏まえた客観的な事実に基づく内容だったからだ。

ところが行友氏のTPP批判記事を読んだ毎日新聞の先輩や同僚たちは行友氏に、「あんなことを書いているけど、本気でそう思っているの？」と、不思議そうに尋ねたそうだ。つまり、TPP推進論を書いている記者や論説委員の大半は、圧力によってではなく自発的にそうしているのだという。要するに確信犯なのだ。それにしても、なぜ？

この謎を解く鍵として、行友氏は「改革」という言葉の魔力を挙げている。政治や経済を担当する記者の多くは今も「改革」の意義を信じていて、「改革」派はＴＰＰも同じ文脈の中に位置づけているからだと指摘している。

これを読んで筆者は「わが意を得たり」という思いを禁じ得なかった。日本人は、「改革」という魔語に弱い。「改革」は善であり「改革派」は正義の味方、「改革」に反対する輩《やから》は既得権益にしがみつく守旧派・抵抗勢力だというステレオタイプの発想がいまだにまかり通っている。

小泉政権時代には「改革しないと日本はおしまいだ」「改革さえすれば日本はよくなる」と真顔で喧伝《けんでん》されたものだ。まるで「修行さえすれば救済される」と説いて多くの若者を惑わした、どこかの似非《えせ》新興宗教のようだった。

この不思議な呪縛力をもつ「改革」という言葉を英語で何と言うか。「年次改革要望書」の原語にある通り「リフォーム」だ。かつてリフォーム詐欺というのが横行した。自慢のわが家に暮らしているとリフォーム業者がやってきて、「柱が腐っているからリフォームしないと家が潰れる」と言う。慌ててリフォームを頼むと高額な請求書を突きつけられる。翌年また業者がやってきて、こんどは「梁《はり》が腐っているからリフォームしないと家が潰れる」と脅される。

日米両国は、平成元年以来、こんなことを繰り返してきた。だが私たちの祖国日本は、他国から毎年リフォームしろと指摘されなければならないほど安普請の国なのだろうか。

▼無念の歳月

「年次改革要望書」は、日米両国政府が相互に提出し合う形式になっている。建前としては双方向なものだ。日本側も米国にリフォームを要望している。しかし、日本の要望に基づいて米国が国内で改革を実行したという話をひとつでも聞いたことがあるだろうか。

構造改革は果たして日本の国民のためのものなのか。実際には米国の国益のためのものではないのか。筆者のこの指摘は、一度だけ全国紙で採り上げられたことがある。朝日新聞から『拒否できない日本』の内容を要約して寄稿するよう依頼を受けたのだ。拙稿は二〇〇五年三月二六日付の同紙オピニオン欄に「構造改革『米国モデル』に検証必要」と題して掲載された。

実はこの記事がきっかけとなって、筆者は郵政民営化法案に懐疑的な自民党議員たちから自民党本部に呼ばれるようになったのだ。懐疑派の議員たちは、分厚い法案の中身と「年次改革要望書」の米国の要望内容を真面目に勉強し、真剣に議論を重ねていた。

だが、それ以降、郵政民営化と「年次改革要望書」の関係について、朝日も含めてマスコミは一切報道しなくなった。筆者が全国紙に登場したのは、後にも先にもこのとき一度限りだ。

筆者はその後、同年の郵政総選挙後に刊行した吉川元忠氏との共著『国富消尽』[*8]、二〇〇六年の『奪われる日本』[*9]、二〇〇七年に刊行した和田秀樹氏との共著『「改革」にダマされるな！』[*10]で、「改革」の欺瞞《ぎまん》について毎年繰り返し世に警鐘を鳴らし続けた。

翌二〇〇八年に起きたリーマンショックで、米国モデルの破綻が歴然と露呈した。改革派のイデオローグだった経済学者の中には「懺悔《ざんげ》の書」を出す者まで現れた。[*11]これでようやく目が覚めただろうと、筆者は二〇〇九年に『目覚める日本』[*12]という著書を刊行し、ついに「米国主導の日本改造」に死刑宣告を下した（つもりだった）。この年に政権交代が起き、鳩山政権は村山政権以来一五年続いた「年次改革要望書」を密かに廃止した。

しかし翌二〇一〇年、菅政権が突如としてＴＰＰ参加検討を表明して以来、民主党政権は迷走を続けた。翌二〇一二年の衆議院総選挙では、民主党はＴＰＰ参加を掲げる一方、自民党は条件つきながらＴＰＰ参加反対を公約に掲げて圧勝し、政権復帰を果たした。

だが、皮肉にもＴＰＰ交渉への参加表明は、ＴＰＰ参加反対を掲げて選挙に勝ったはずの自民党政権によって断行される結果となった。そしてそれと同時に、とうの昔に否定されたはずの小泉政権時代の構造改革路線がゾンビのように蘇り、今再び猖獗《しょうけつ》しはじめている。

▼将来に禍根を残し、子孫に迷惑をかける

民主党政権であれ自民党政権であれ、なぜ結局はTPP交渉に参加することになってしまうのか？　リーマンショックの手痛い教訓を学んだはずであるにもかかわらず、なぜ結局は構造改革路線に回帰してしまうのか？　合理的な説明が存在するなら聞いてみたいものだ。

筆者も改革すること自体を否定するつもりはない。問題はその内容だ。橋本政権の六大改革から小泉政権の構造改革にいたるまで、すべてとは言わないがその多くが、「日米構造協議」以来、米国に突きつけられた要望に基づいていた。もちろん、米国の要望ではあっても、日本の国益に資するなら受け入れを躊躇《ためら》う理由はない。

だが、米国政府の要望は、もともと米国の特定業界など利害関係者の陳情に基づいている。日本の国益と合致するほうがむしろ稀《まれ》だろう。にもかかわらず米国の要望は、いつの間にか日本が自ら取り組むべき課題として掏《す》り替えられ、「改革」の名の下に日本人自身の手によって遂行されてきた。その成果はどうだったか。

繰り返すが、構造改革の発端である「日米構造協議」が始まったのは平成元年だ。以来四半世紀、日本は様々な改革に取り組んできた。それで日本は活力あふれる強靭《きょうじん》な国家になり得

たか。国民は豊かで幸福になれただろうか。答えは誰の目にも明らかなはずだ。

もし病院に通って、医師が処方した薬を服用しているのに病状がどんどん悪化したら、患者はどうするだろうか？　処方箋《せん》が間違っているのではないかと懐疑の念を抱くのがふつうではないか。少なくとも、その薬をがまんして飲み続けたり、わが子にも飲むよう勧めたりする人はいないだろう。

政策も同じではないか。改革しても改革しても日本はよくならない。むしろ平成改元以降四半世紀、じり貧になる一方だった。いったいいつまで改革を続けなくてはならないのか。まるで無益な苦行の際限のない反復を強いられた「シジフォスの神話」のごとしだ。

ならば「改革」という処方箋そのものが間違っていると疑うべきではないか。その利害得失を真剣に検証すべきではないか。間違っているのに正さなければ、将来に禍根を残す。子孫たちに迷惑をかけることになる。私たちはもう一度、「改革」という魔語の呪縛から、自らの思考を解き放たなければならない。

▼グローバリゼーションとグローバリズム

しかしそうは言っても、このグローバリゼーションという時代の流れに逆らっても詮《せん》ないことではないか、と諦めている人がいるかもしれない。だがそれは早計というものだ。

グローバリゼーションという言葉は、巷間《こうかん》、グローバリズムという言葉と混同して流布されているが、本来截然《せつぜん》と峻別《しゅんべつ》されるべき本質的な違いがある。

グローバリゼーションの「ゼーション」という接尾辞は客観的な現象を意味する。たとえば、かつてモータリゼーションという現象があった。マイカーが普及していけば、ライフスタイルが激変する。それに対応してインフラや社会構造も変化してしまう。それを元に戻すことは不可能である。

グローバリゼーションも、通信手段などの技術革新にともなって起きる不可逆な現象であり、逆行することは不可能である。サイバー攻撃のリスクが増大したからといって、今さらインターネットを廃止することはできない。

筆者はグローバリゼーションという現象について批判したり、抵抗したりしているわけではない。グローバリゼーションに適応していかなければ生き残ることは困難だろう。筆者もインターネットを使って情報を収集し、米国製PCを道具として本稿を書いている。

一方、グローバリズムの「イズム」という接尾辞はイデオロギーを意味する。それは決して客観中立的な現象ではなく、ましてや唯一絶対の真理でもない。

たとえば、かつてコミュニズムというイデオロギーがあった。それはソ連という覇権国家が、衛星国の支配層を洗脳し、自国の国際的な影響力を維持拡大するために駆使した不可視の戦略兵器であった。ソ連崩壊とともにコミュニズムというイデオロギーも破綻した。今やそれを本気で信奉する者は、旧共産圏にもいないだろう。

冷戦後、唯一の覇権国家となった米国は、グローバリズムというイデオロギーを拡散するようになった。グローバリズムは思想的にはコミュニズムの対極にあるが、覇権国家が自国の影響力を拡大するために、関係国の政官財、そして学界から報道界にいたる広範なエリート層を洗脳し、「我々は米国と価値観を共有している」という幻想を抱かせることによって、自律的な思考を呪縛するメカニズムは酷似している。

グローバリズムは、米国が自国の国益を極大化するために駆使しているイデオロギーであり、冷徹な国家戦略の道具である。日本としてそれにどう対応するかは国家の存亡にかかわり、本来、慎重かつ周到な吟味を尽くすべき一大事のはずだ。

無警戒にただひたすら追随するだけでは米国を利するのみであり、追随した結果どうなるかは、何よりも平成元年の「日米構造協議」以来の日本の「失われた二〇年」という歴史が証明している。

TPPへの無思慮な参加は、「日米構造協議」以来の愚行を継続することに他ならない。いや、単純な継続というよりは、むしろその集大成というべきだろう。そうすれば私たちはさらに向こう二〇年、三〇年を失い、将来「失われた半世紀」を嘆くことになるのかもしれない。

歴史に学ばぬ者は、同じ過ちを繰り返しつつ、滅びていくしかないのである。

註

＊1 ジェームズ・ファローズ『日本封じ込め―強い日本vs巻き返すアメリカ』大前正臣訳、TBSブリタニカ、一九八九年

＊2 関岡英之『拒否できない日本―アメリカの日本改造が進んでいる』文春新書、二〇〇四年

＊3 「日本経済新聞」二〇一三年二月八日

＊4 「産経新聞」二〇一三年二月八日

＊5 小林興起『主権在米経済―「郵政米営化」戦記：これからも貢ぎ続ける日本でいいのか？』光文社、二〇〇六年

＊6　行友弥「『競争より共生』の社会へ―TPP論争を超えて」「JA教育文化」二〇一三年四月号

＊7　関岡英之『国家の存亡―「平成の開国」が日本を亡ぼす』PHP新書、二〇一一年

＊8　吉川元忠、関岡英之『国富消尽―対米隷従の果てに』PHP研究所、二〇〇六年

＊9　関岡英之『奪われる日本』講談社現代新書、二〇〇六年

＊10　和田秀樹、関岡英之『「改革」にダマされるな！―私たちの医療、安全、教育はこうなる』PHP研究所、二〇〇七年

＊11　中谷巌『資本主義はなぜ自壊したのか―「日本」再生への提言』集英社インターナショナル、二〇〇八年

＊12　関岡英之『目覚める日本―泰平の世は終わった』PHP研究所、二〇〇九年

第三章　国家主権を脅かすＩＳＤ条項の恐怖

岩月浩二

岩月浩二（いわつき こうじ）弁護士

一九五五年、愛知県生まれ。「TPPを考える国民会議」世話人。愛知県弁護士会司法問題対策委員会TPP部会長・憲法委員会副委員長。一九七九年、司法試験合格。翌年、東京大学法学部卒業。一九九二年、守山法律事務所設立。二〇一二年まで名古屋大学法科大学院非常勤講師。二〇一三年二月、議員連盟「TPPを慎重に考える会」の勉強会に講師として招かれISD条項の危険性を訴え、注目を浴びる。

▼法の専門家たちへの憤り

「国の主権を損なうようなISD条項は合意しない」[*1]

これが二〇一二年末の総選挙での自民党の公約であった。国内規制を無効化して外資に売り渡す、非関税障壁（国内規制）の撤廃にこそ問題の本質があることを自民党は承知していた。ところが今、安倍首相は、これを関税の問題にすり替えて、この美しき日本という国を外資の餌食として差し出そうとしている。

ISD条項とは何か。単純化して言えば、貿易協定の中で、外国投資家と国家の紛争をどう解決するか（Investor-State Dispute Settlement）について定める条文のことだ（ISDS条項とも呼ばれる）。ある国が貿易協定の投資に関する規定に反して自国の法律の制定・改正や規制を設けるなどして、その国に投資していた外国企業が損害を被った場合、その企業が相手国に対して国際裁判を起こし、賠償を求めることができるようにするものだ。

TPPでもこのISD条項が結ばれる可能性が非常に高い。TPPに先行して二〇一二年に結ばれた米韓FTA（自由貿易協定）にもこの条項が含まれている。

国際裁判という響きには何か公平中立なニュアンスがある。国境を越えた投資が増えたこの時代に、そうした仲裁システムは合理的かつ必要であると思われるかもしれない。

しかし、そもそも外国投資家は違法に権利が侵害されたというのであれば、相手国の裁判所で争って救済を得ることや損害賠償を受けることもできる。日本であれば、裁判を受ける権利には法の下の平等の原則がおよぶから、外国投資家だからといって、不利に扱ってよいということにはならない。外国投資家にも訴訟の機会は用意され、司法の判断も平等にくだされる。

それにもかかわらず、否応なく日本政府を国際裁判に引っ張り出す権利を外国投資家に認めるのがＩＳＤ条項だ。

筆者はＩＳＤ条項に関して、米韓ＦＴＡの交渉過程において韓国の法務省（＝法務部）が検討した資料を入手し、その内容に驚愕した。彼らは非常な危機感をもってＩＳＤ条項を分析していた。詳細は後にまわすが、これを見れば、日本の憲法秩序が破壊される危険性が非常に高いことが十分にわかるはずだ。憲法学者はいい加減に事態を直視すべきだ。日本の法務省はいったい、何をしているのだろうか。日本弁護士連合会の執行部も早く動くべきではないのか。

▼ＩＳＤ条項は企業を主権国家より上の地位に

ＩＳＤ条項は、極めて奇妙な制度である。領土問題を思い起こしてみれば、わかりやすいかもしれない。日本が竹島の領有権を主張して、国際司法裁判所に提訴すると言っても、韓国は「領土問題は存在しない」として、裁判には応じない。また、尖閣諸島について、仮に中国が国際司法裁判所に提訴すると主張しても、日本政府は応じないだろう。

国際裁判に応じないから政府の対応に問題があるかと言えば、そうではない。国際法では、基本的に国家が最高の権利主体だと認められているから、その国家を一方的に裁判にかけることができないのは当然の原則だ。国家間の紛争は、基本的に外交交渉によって決着をつけるしかない。国家でさえ、相手国を一方的に訴えることなどできないのだ。

ところが、ＩＳＤ条項にもとづけば、外国の一民間企業や個人投資家が、一方的に相手国政府を国際裁判に引っ張り出すことができる。つまり、ＩＳＤ条項の特殊なところは、国家にさえ認められていない、相手国を強制的に国際裁判に引っ張り出す権利を外国投資家に認めるところにある。

しかも、ふつうにイメージする「投資家」よりその範囲は相当に広い。たとえば、日本企業の外国株主や外国社債権者等も外国投資家として国際裁判権をもつし、一定の契約上の権利をもっている外国企業も外国投資家として国際裁判権をもつ。

国際法における最高の権利主体は、国家だと考えられているにもかかわらず、ＩＳＤ条項の下では、国家は、外国投資家によって一方的に国際裁判に引っ張り出される卑小な存在になってしまう。外国投資家のほうが優越し、国家を超える権利をもってしまうことになる。

しかし、このような大問題に対して、韓国法務省の危機感とは対照的に、日本の法務省からはまったく問題意識が伝わってこない。

▼ISD条項と市場原理

提訴の理由にできる範囲が異様に幅広いのも問題だ。国内の法規制も裁判の対象になってしまうのだ。

たとえば食品の添加物の規制や、農産物の残留農薬の規制によって、外国投資家が不当に損害を強いられたと考える場合も、提訴することができる。遺伝子組み換え作物の表示義務、残留農薬の基準、混合診療の禁止等、アメリカから非関税障壁としてやり玉に挙げられている規制も、提訴の対象になり得る。

国連憲章は「内政不干渉の原則」を定めていて、これは一般的な国際法原則だと理解されているが、ＩＳＤ条項にもとづけば、外国投資家は内政に干渉する強力な権利をもつことになる。これも国際法の一般的な考え方からすると、特異なことだと言ってよい。

たとえば、海外在留邦人が人種差別的な人権侵害を受けて損害を被ったとしよう。個人が基本的人権の侵害を受けようが、日本政府が相手国に対して、国際裁判を強制する権利はない。相手国の国内裁判所で相手国の国内法にもとづいて被害者個人が救済を求めるしか方法がない。相手国の主権に絶対性があるからだ。

ところが、ＩＳＤ条項によれば、そうした主権の絶対性を誇る国家を、外国投資家は強制的に国際裁判にかけることができるのである。しかも、その判断には、強制力があり、国内判決と同様に強制執行できる効力があることがあらかじめ合意されている。*2

つまり、ＩＳＤ条項は、国際法における国家を超越した強烈な主体性を外国投資家に与える。繰り返すが、個人よりも、国家よりも、国際法上、外国投資家に優越した地位を与えるのがＩＳＤ条項だ。

おかしくはないのか。なぜ、外国投資家を、そこまでして、国際法上、優遇しなければならないのか。外国投資を国内に呼び込むために、国家は、そこまで卑屈にならなければならないのか。どうして、このような逆転したことが起きているのか。

答えは、ひとつである。投資の自由の拡大こそが、全世界の国民に幸福をもたらすという強力なテーゼである。資本移動の自由を高めてこそ、適正な国際分業が行われるようになり、富が均等に分配され、全世界の国民が豊かになるというのである。その誤ったテーゼ、市場原理にしたがえば、投資家の前に国家は主権を譲り渡し、投資家の自由を、最大限認めてやらなければならないのである。国家主権を超えたグローバル投資家主権こそが、次の時代に全世界の国民の福利を最大化する構想だというのが彼らの論理だ。

▼韓国を震撼させたISD条項

さて、韓国法務省がＩＳＤ条項をどう分析したのかに戻ろう。左記は、韓国法務省国際法務課が、米韓ＦＴＡの第二回交渉に臨んで検討した対応策からの抜粋だ。[*3]

①米韓ＦＴＡへのＩＳＤ条項の導入は、国内規制のあらゆる分野において外国投資家によって提訴される危険性が否定できないこと

②賠償金額や費用負担の巨大さから立法・行政機能が萎縮すること

③「間接収用」概念と韓国憲法の「収用」補償規定とが対立する関係にあり、憲法秩序が攪乱される可能性があること。したがって、米韓ＦＴＡにはＩＳＤ条項を導入すべきではないこと

順に見ていこう。①の国内規制のあらゆる分野とはどんな可能性があるのか。たとえばオー

ストラリアが「たばこ包装規制法」（たばこ包装の無地化やロゴの禁止など）を可決した。ところが、フィリップ・モリス社から提訴されたのだ。（後述するように米豪FTAにはISD条項はないが、オーストラリアと投資協定を結んでいる香港の子会社が提訴し、係争中）。

米韓FTAを締結後、韓国もさっそく洗礼を浴びている。韓国が環境規制の延長として、エコカー補助金制度を導入しようとした。自国産業の先端技術育成という側面もあっただろう。しかし、その実施が延期されたのだ。当初、韓国政府は、理由を国内輸入自動車業界の反対などとしていたが、韓国でも数少ない、良心的な新聞が、「低炭素自動車支援政策、韓‐米FTAがブレーキをかけた」と報じた。[*4] さらに、アメリカ自動車業界からエコカー補助金制度は米韓FTAに反するとの意見書が事前に届いていたことも判明した。[*5]

また、二〇一一年には、スウェーデンのエネルギー企業ヴァッテンフォール社が、ドイツの脱原発政策によって、損害を被ったとしてISD条項にもとづき提訴している。これを報告するUNCTAD（国連貿易開発会議）の「国際投資レポート」二〇一二年版は、ISD提訴が「国家の中核的政策におよぶようになった」と報告している。つまり、一国の基本政策がグローバル企業によって左右されかねない事態となっている。[*6]

②で問われているのは費用の面だ。ISD訴訟は仲裁費用などの費用だけでも、相当の負担

になる。韓国法務省によれば、「最近の仲裁事件関連の一件あたり平均法律費用一〇〇万ドルから二〇〇万ドルと推算され、長期間の訴訟で仲裁費用・法律費用加重の危険がある」という。

費用自体が多額であるから、いきおいＩＳＤ訴訟の請求額は高額化する。韓国法務省が確認していた当時の最高請求額は、エネルギー会社の株主たちがロシアを相手に起こした約三三〇億ドルであり、高額賠償例ではスロバキアに対する八億二四〇〇万ドルの賠償判定（ＣＳＯＢ事件）、チェコに対する二億七〇〇〇万ドルの賠償判定（ローダー事件）等があることが確認されている。このような高額訴訟のリスクを避けるために、政治そのものが萎縮する危険は計りしれない。

続いて、③を見ていただこう。「間接収用」という概念は重要なので後述するが、韓国法務省はＩＳＤ条項が憲法秩序を危うくする、ＩＳＤ条項は導入すべきではないと判断した。

そして、彼らは米豪ＦＴＡにはＩＳＤ条項が設けられていないことに着目した。ＩＳＤ条項は、司法制度が未整備な発展途上国への先進国からの投資を守るために国際裁判を認めるようにしてきたものだ。韓国は「オーストラリアと同様に国内の司法制度は十分に整備されている。だから、韓国もＩＳＤ条項は結ぶ理由がない」としてアメリカに抵抗した。しかし、アメリカ側は、「オーストラリアは英米法の国だが、韓国は大陸法（ヨーロッパ法）系の国だ」として、韓国の主張を一蹴してしまった。*7

▼日本政府の説明

韓国のこの危機感とはうらはらに、日本政府はこのように説明をする。日本の結んだ三〇の投資協定と経済連携協定投資章のうち、フィリピンとの経済連携協定をのぞくすべてにISD条項は入っている。しかし、外国企業に日本政府が訴えられた例は存在しない、と。ISD条項に警鐘を鳴らす人々は過剰反応をしているに過ぎないという反論だ。

たしかに今まで日本政府が訴えられたことはない。提訴された件数が多い国はアルゼンチン、ベネズエラ、エクアドルなどだ。それぞれ事情はあるが、概して、途上国の色彩が強く、債務危機が原因となっているケースが多いようだ。実際、一九五〇年代以降、途上国の政府が強権的に外国投資家の資産を没収する事件があいついだ。イランがイギリス系の石油会社を国有化したような事件だ。そうした損害に備えて、投資家を保護するために設けられるようになったのがISD条項だ。

日本も、これまでもっぱら途上国との間で投資協定を結び、ISD条項を締結してきた。途上国の資本が日本国内に進出すること自体が稀だし、国力の差があるから、あえて日本政府を訴えることが投資家にとって得策かどうかという配慮も働く。だから途上国の外国投資家から訴えられることは現実問題として、これまで想定されてこなかったと見てよい。

しかし、先進国との間でＩＳＤ条項が結ばれるとどうなるか。ＴＰＰにＩＳＤ条項が導入されれば、アメリカ、カナダ、オーストラリアといった先進国の投資家、言わばグローバル企業からの提訴というリスクを考えなければならない。

▼パンドラの箱を開けたＮＡＦＴＡ

実際、ＩＳＤ条項にもとづく提訴が急増したのは、先進国同士でＩＳＤ条項が結ばれたことがきっかけになっている。具体的に言えば、アメリカ、カナダ、メキシコで結ばれたＮＡＦＴＡ（北米自由貿易協定）だ。この一九九四年発効の貿易協定以降、提訴の件数が急増したのだ。判明しているだけでＮＡＦＴＡのＩＳＤ条項にもとづく提訴は四五件におよんでいる。[*8] 訴えられたのはメキシコだけではない。各国それぞれ一五件だ。

原告企業の数を見てみよう。アメリカ企業が二九件、カナダ企業が一五件、これに対してメキシコ企業が原告となったのは一件だ。勝訴したのはアメリカ企業だけだ。メキシコ政府に対して五勝、カナダ政府に対しても二勝三和解となっている。カナダ企業、メキシコ企業がアメリカ政府に対する裁判で勝った例はゼロだ。

このNAFTAでのISD条項はとりわけカナダ政府を揺るがした。カナダは、アメリカとISD条項を結ぶまでは、訴えられたことはなかったからだ。アメリカとISD条項を結んだために、一五件もの国際投資家裁判をかかえることになったのだ。

▼韓国法務省が最も恐れた「間接収用」

さて、ISD条項締結が不可避となった後も、韓国法務省が最後まで抵抗したものがある。③で出てくる「間接収用」に関する規定だ。超憲法的事態を招く「間接収用」だけでも、適用されないようにしたいと抵抗し、しかし、失敗した。

「間接収用」は韓国や日本にはない概念だ。

「収用」という言葉は聞いたことがあるかもしれない。「収用」とは、公的に用いる目的で、私有財産を、国家や地方自治体が取得することである。この場合に補償を必要とすることは日本国憲法にも規定がある。都市再開発、区画整理や道路建設のための土地の収用はよく知られている。

問題は、「間接収用」だ。経済産業省によれば、「所有権等の移動を伴わなくとも、裁量的な許認可の剝奪や生産上限の規定など、投資財産の利用やそこから得られる収益を阻害するような措置も収用に含まれる」（「投資協定の概要と日本の取組み」平成二四年一一月）と説明されている。

もう少しかみくだけば、所有権の移動をともなわなくとも、財産権や企業活動に対する規制が外国投資家の利益を阻害する場合には「間接収用」に当たるということだ。つまり、外国企業の立場で言えば、規制によって企業活動に何らかの不自由を感じたら、「間接収用」であるとして、政府に対して補償を求める道が開かれることになるのだ。

具体的な事例を挙げてみよう。ＮＡＦＴＡの発効後、最も早い時期にアメリカ企業がカナダ政府を訴えた例にエチル事件がある。エチル社は、カナダ国内で加鉛ガソリンを製造していた。ところが、ガソリンに混入されている神経性物質ＭＭＴが有害だと懸念され、有害性は確定しないものの予防原則から、議会はＭＭＴの使用を禁止する法律を制定した。加鉛ガソリンの製造ができなくなった同社はカナダ政府に対して二億五〇〇〇万ドルの損害賠償を求めて国際裁判を起こした。

このときの提訴の理由のひとつが「間接収用」だった。新たな規制によって、これまで可能だった経済活動ができなくなり、期待利益が阻害されたという企業側の主張だ。この場合、エチル社の財産をカナダ政府が取得したわけではないが、新たな法規制によって自社の企業活動が阻害されたことを、「間接収用」だと主張したのである。[*9]

この事件で問われたMMT規制の是非はともかく、確認したいのは、政府が新たに導入するあらゆる規制について、外国企業が「間接収用」だと主張する可能性があるということだ。

▼曖昧な判断基準

どういう場合が、「間接収用」に当たるかについては、米韓FTAでは解釈規定が置かれ、TPPでもほぼ同様の規定が置かれる見込みだ。①政府措置の経済的影響の程度、②明白で合理的な投資期待利益への侵害程度、③政府措置の性格、という三つを総合して判断するとされているが、まったく曖昧である。

そもそも「間接収用」は、アメリカ判例法の概念である。アメリカには事例の蓄積があるが、韓国や日本など大陸法の体系にはないものだ。このため、日本が提訴された場合、勝訴できるのか敗訴するのか、我々にとっては予測が極めて困難だ。

この他に、国際裁判の判断基準には、「公正・衡平待遇義務」というものもある。外国投資家には「公正で衡平な最低限の待遇をしなければならない」というのだが、これはいよいよ曖昧である。

しかも、この「最低限の待遇」が一般国際法上の最低限であればよいのか、それ以上のものを意味するのかに関しては議論があり、確定していない。アメリカは、この最低限の基準をアメリカが投資家に与えているレベルと同レベルのものにすることを方針としている。

曖昧な基準は、制定法の規定を事件に当てはめて裁判をする日本や韓国ではほとんど活用できないが、アメリカは一般に不文法の国と言われ、裁判所が法を見いだす国であるため、「公正・衡平待遇義務」も、しばしば国際裁判で主張され、認められるケースも少なくない。

韓国法務省はこうした検討を経て、「すべての政府（地方自治体および政府投資機関、司法府等を含む）の措置に対して提訴が可能」と結論した。濫訴を防止する方法はないということだ。

▼ISD条項は主権の侵害だ

日本でのISD条項をめぐる議論の中には、この条項を主権侵害であると主張する反対論を「ISDお化け」論と呼んで揶揄する声がある。ISD条項擁護派の主張は、たとえばこうだ。条約を締結した以上、法律がこれに劣るのは当たり前である（日本国憲法第九八条二項）。「主権侵害論者」は条約が法律に優位するという当たり前のことを「主権侵害」とか「治外法権」と称しているだけだ。国家が主権の行使として、自ら主権を制限することも自由であるから、これをもって「主権侵害」と言うことは間違っている。

こうした主張も法的に見れば間違いとも言えないのが厄介だ。たとえば、国連憲章は加盟国の「武力による威嚇又は武力の行使」を禁止している（第二条四項）。武力行使は主権の一環をなす。国連加盟国は国連条約を締結することによって、武力行使という主権を放棄することを約束したことになる。これを主権侵害とは呼ばない。国連に加盟するという条約締結行為は、国際平和を第一義的に追求する国連組織に加盟するのと引き換えに武力行使に関する主権を放棄することを意味している。

しかし、ＩＳＤ条項擁護派にはもっと別の面から反論したい。

条約を締結する場合、あらかじめどの法律を改正する必要があるか、見込みをもって条約を結ぶのがふつうだ。条約が国内法におよぼす効果が予見可能だということだ。ところが、韓国法務省が検討したように、政府がほどこすあらゆる措置が提訴可能となると、いったい、米韓ＦＴＡを締結することによって、どの措置が条約に違反することになるのか、予測ができないことになる。これは条約が法律に優位するという一般的な原則に解消することのできない極めて重大な問題である。

これを日本の状況に当てはめて考えよう。第二章で関岡英之氏が詳しく解説したように、アメリカはこれまで対日要求によって一方的に「非関税障壁」とレッテルを貼った日本国内の規制を次々と撤廃・変更させてきた。ISD条項がTPPに組み込まれた暁には、日本に投資した米国投資家が自分の判断で非関税障壁だとして国際裁判にかけて規制の撤廃を迫ることができるようになるのだ。

国家の基本政策は、原則として法律にもとづいて行われる。法律を制定するのは言うまでもなく国会である。国会について、日本国憲法は、「国会は、国権の最高機関であつて、国の唯一の立法機関である」と定める（第四一条）。この規定は、国民主権にもとづく統治機構を規定する憲法の核心部分、言わば一丁目一番地である。

ところが、ISD条項はこの規定を次のように書き換えてしまう。

「国会は国権の最高機関であって、国の唯一の立法機関である。但し、投資家対国家紛争（ISD）を裁く国際裁判所の判断に従うことを要する」

これは、立法権の一部を国際投資家裁判所に差し出したことを意味する。

たしかに個別の条約が、一定分野の政策の転換を国家に求め、その結果、一定の法律を改正しなければならないことは常に起きている。むしろ、このことにあまりに慎重であるために締結しながら批准していない条約が、特に日本には基本的人権にかかわる重要な条約が多く存在し、国連人権委員会から勧告を受けている。

ところが、ＩＳＤ条項の場合には、いったい、どの法律が、どのように外国投資家の利益を害するから改正を要することになるのか、あらかじめ知ることができない。国際投資家裁判所の判断が出ないとわからないのだ。国会は、予測不可能な国際投資家裁判所の判断を常に忖度《そんたく》しながら、立法することを強いられる。

韓国法務省が報告するように、ＩＳＤ条項はあらゆる政策について、外国投資家の利益を害するかどうかを第一に検討するように国家を飼い馴らしてしまう。[*10] したがって、日本国憲法第四一条は、次のようになると言ったほうが正確かもしれない。

「国際投資家裁判所の下に国会を置く。国会は国際投資家裁判所の判断に従う、国権の最高機関であって、国の唯一の立法機関である」

国民主権原理は、基本的人権尊重、平和主義とともに日本国憲法の三大原則を構成する。結局、ＩＳＤ条項を結ぶということは、国民主権を投資家主権の下に置くということを意味する。

たしかに、国家が主権の行使として、主権を放棄することは可能である。たとえば外交権のような重要な主権であっても、自覚的・自発的に放棄することは、それ自体として違法とか無効とかならないとするのが国際法の考え方だ。

しかし、国際法ではなく、国内法から見れば一国の外交権という重要な主権を他国に委譲する等は、売国奴のすることだ。このような行為は国内法的に見れば、違法である。

ＩＳＤ条項はまさにそうしたものだ。繰り返すが、どの範囲、どういう内容で主権を制限したことになるのか、国際投資家裁判所の判断が示されるまでわからないのだ。そして、何が提訴されて、主権者である国際投資家裁判所の判断を求められることになるのかは、すべて外国投資家にゆだねられているのだ。しかも、国際投資家裁判所の裁判官は、国民に対して何ら責任を負わない上、裁判所の判断は、そのとき選ばれた裁判官次第で判断が異なることを防ぐことができない。

主権者である国民を代表する国会は、予測可能性をもって、政策決定ができない。日本の主権者は国際投資家裁判所と外国投資家に主権を奪われることになる。

憲法改正には、衆参各院の総議員の三分の二以上の賛成をもって国会が発議し、国民投票で過半数の賛成を得ることを要する（第九六条）。ところが、この手続きを経ることなく、政府と国会限りで、憲法の根本原則である国民主権を外国投資家主権に変えてしまうのが、ＩＳＤ条項だ。

むろん、政府も国会議員も公務員として憲法擁護義務を負う（第九九条）。そして、政府も国会議員も現行憲法によって、その権限を与えられている。自ら、憲法破壊に手を貸すことは、合法的ではない。

非合法な手続きによる憲法原理の変更をふつう、クーデターと呼ぶ。

ＩＳＤ条項は明らかに日本国の主権を深く侵害する。しかし、「主権侵害」と呼ぶだけでは、認識が甘いかもしれない。

筆者によれば、ＩＳＤ条項は、クーデター以外の何ものでもない。

註

＊1 「ＴＰＰについての考え方」 http://www.jimin.jp/policy/policy_topics/recapture/pdf/055.pdf

＊2 投資紛争解決国際センター条約五四条一項に国内の確定判決と同じように強制執行できると書いてある。経産省等のパンフレットの説明は国際裁判の強制力について、やや明確さを欠

いている。

＊3　全訳のリンクはこちらに掲載。　http://moriyama-law.cocolog-nifty.com/machiben/2013/01/post-64ad.html

＊4　「ハンギョレ新聞」二〇一三年二月七日

＊5　「日本農業新聞」二〇一三年二月一五日

＊6　二〇一二年六月、米国市民団体パブリックシチズンによって、交渉中のTPP草案がリークされたことがある。未確定とされる部分が多いものの「ISD条項は、環境・健康・労働にかかわる国家の措置を妨げない」との条項案があることが確認できる。善意に読めば、環境や健康、労働といった分野の政策について、加盟国は拘束されることがないように読めてしまう可能性がある。しかし、気をつけなければならない点が少なくとも二点ある。

ひとつは、国際投資家裁判所のルールでは、十分な科学的証拠を提示しなくてはならないのは規制する国家の側だということだ。国際基準より厳しい食品安全基準を日本が採用していたとしよう。その場合、有害であることの十分な科学的証拠を日本はもっていなければならない。健康や環境への安全性が証明されていないから規制するという予防原則は、根拠にならない。

もうひとつは、これまでの国際投資家裁判所の裁判例では、しばしば「偽装した障壁」という概念が使用されていることだ。国家が設けた環境や健康、労働保護の規制が、外国投資家の参入や活動を妨げている場合に、環境保護等に藉口して外国投資家の利益機会を奪っていると判断される例がしばしばある。しかし、「偽装された障壁」に当たるか否かの判断は極めて微妙で、裁判官のさじ加減ひとつで決まってしまうため、予測可能性を担保することは著しく難しい。したがって、仮にTPPに「加盟国による、環境・健康・労働保護規制を妨げない」とする規定が入ったとしても、投資家主権の裁判所では、どう判断されるかは、やってみなければわからない。これらの分野の規制が自由にできるようになるという誤解は決してしてはならない。TPPが締結・批准されて外国投資家主権の国家になれば、あくまでも、規制が許されるかどうかを決めるのは、外国投資家であり、その提訴先である国際投資家裁判所なのである。

＊7　註3の「投資家対国家紛争解決手続・国内法律機関等の検討」に「米国側は米国―豪州間文案は両国がすべての法理が類似した英米法圏の国家である点等を勘案した例外的な文案であり、韓国には適用できないと説明」されたと交渉過程が紹介されている（一四ページ）。

＊8　国際投資家裁判には国連国際商取引法委員会のルールにもとづく、ごく私的な裁判もある。秘密裁判も認められるので、これは明らかになっている限りという留保が付く。

＊9　結局、カナダ政府が、エチル社に対して一三〇〇万ドルを支払って和解した。この規制は並行して進められた国内裁判でも違法と判断され、カナダ政府は規制を撤廃した。このため、国際裁判における決着には問題はなかったとする指摘がある。しかし、そうだとすれば逆に、

カナダのような公正な司法制度が整備された先進国に対して、なぜＩＳＤ条項による国際裁判制度を認めなければならないのかが、問われる必要もあろう。

＊10　註3の「投資家対国家紛争解決手続・国内法律機関等の検討」において「巨大資本を保有する多国籍企業の場合、制度的・慣行的障害を除去し特定政府を手なずけるために（taming effect）勝訴の可能性が低い場合にも、仲裁を起こす傾向がある」（一一ページ）とされている。

第四章　ＴＰＰは金融サービスが「本丸」だ

東谷　暁

東谷 暁（ひがしたに さとし）ジャーナリスト

一九五三年、山形県生まれ。早稲田大学政治経済学部卒業後、雑誌編集者に。ビジネス誌や論壇誌「発言者」の編集長を歴任し、一九九七年よりフリーのジャーナリストとして活躍。主な著書に『民営化という虚妄』（ちくま文庫）、『間違いだらけのＴＰＰ―日本は食い物にされる』（朝日新書）、『郵政崩壊とＴＰＰ』（文春新書）、『経済学者の栄光と敗北―ケインズからクルーグマンまで14人の物語』（朝日新書）など。共著に『「ＴＰＰ開国論」のウソ―平成の黒船は泥舟だった』（飛鳥新社）、『危機の思想』（ＮＴＴ出版）など。

▼TPPで問題になるのは「コメ」より「金融」

いまだにTPPとは農業問題だと思っている人には奇妙に感じられるらしいが、私はTPPのかなりの部分が金融問題であると思ってきた。

アメリカは日本に自国の農産物をこれまで以上に大量に押し込もうとして、TPPへの参加を促してきたわけではない。ましてや、カリフォルニアで産出するアメリカ米を、日本に大量に売りつけるためにTPPを構想したわけではまったくない。

それなのに、今もTPPというとテレビで登場するのはコメ農家であり、インタビュアーに対して「コメが大量に入ってくれば壊滅状態になる」とコメントする。それに対比して葉野菜やトマトなどの大都市近郊型農家が「日本の農業は十分に強いから、これからは打って出るべきです」などと発言する。それがTPP問題だというわけだが、私は最初からこの構図を疑ってきた。

もちろん、日本政府が交渉でむざむざコメの全面的開放でもすれば、日本のコメ農家はかなりの影響を受け、まさに「壊滅」する農家も生まれるだろう。また、これまでも日本の農産物は輸出品となっているから、それを加速させたい農家があるのはわかる。しかし、それがTP

P問題だと言われると、首をかしげざるを得ないのである。

今、TPP参加国でコメを輸出しているのはアメリカだけで、マレーシアなどは輸入国であり、かつて輸出国だったオーストラリアは長期の旱魃《かんばつ》で、コメを輸出する見通しはしばらくは立たない。

輸出国であるアメリカのコメ総生産量が約六〇〇万トン（米国農務省の二〇一一／一二年統計。以下も同様）で、そのうち輸出量は約三二〇万トン。生産量のうち日本人が食べる短粒米のジャポニカ種米は一三万七〇〇〇トン程度と言われる。その全量が日本への輸出に振り向けられたとしても、日本の全消費量の八二五万トンのうちの一・七％を占めるに過ぎない。

農水省が発表したTPPシミュレーションでは、コメの国内市場の九割が席巻されることになっているが、あまりに非現実的な見通しと言うことができる。日本の農家を守ろうという意図からするものとしても、こんなシミュレーションはかえってTPP推進派に都合のよい攻撃目標となったに過ぎない。

▼アメリカは日本の保険市場を「開放」させたい

一方、金融についてアメリカは、TPPへの参加を菅直人元首相が言い出して以降を見ても、積極的に自国の「関心事項」を日本側に伝えてきた。まず、二〇一一年二月の「日米経済調和対話」の「郵政」の節を見てみよう。

「保険と銀行サービスにおける対等な競争条件——市場における活発な競争を通して消費者の選択肢の拡大を推進するため、日本郵政グループの競争上の優位性を完全に撤廃し、規制面ですべてのサプライヤーに同一の待遇と執行を確保することにより、保険と銀行サービスにおいて日本のWTO上の義務と整合する対等な競争条件を確立する」

次に「保険」の節も見ておこう。

「共済——健全で透明な規制環境を促進するため、共済と民間競合会社の間で、規制面での同一の待遇および執行を含む対等な競争条件を確保する」

いずれも日本の保険市場は「かんぽ」と「共済」によって健全な競争が阻害されているから、それを対等なものにしろという要求である。USTR（アメリカ通商代表部）の「二〇一二年外国貿易障壁報告書」も読んでおこう。まず、「サービス障壁」の節の中の「かんぽ生命」。ちなみにアメリカの公的文書で「サービス」とあったら、それは金融を含むサービス業のことである。

「米国政府の観点から見た重要な目標は、日本の国際的義務と整合的に、日本郵政グループと民間セクターとの間に対等な競争条件を確立することである」

また、同じ節で「共済」についての記述は次の通りである。

「米国政府は、対等な競争条件を確保するため、共済が、金融庁による監督下に置かれることを含め、民間セクターのカウンターパートと同じ規制水準・監督に服することを求める」

では、この「二〇一二年外国貿易障壁報告書」で、コメはどのように記述されているだろうか。

「日本の極めて規制的で不透明な輸入米の輸入・流通制度が日本の消費者の輸入米への意味あるアクセスを制限している。……業界の調査によれば日本の消費者は米国産の高品質米を買うと見込まれるにもかかわらず、米国産と特定され消費されるコメはわずかである」

日本に入ってくる米国産のコメは、そのほとんどが、WTOで承認されたミニマムアクセス米の形で輸入される。日本は年間七十数万トンをミニマムアクセス米として無条件で受け入れるのと引き換えに、事実上のコメ輸入拒否である七七八％の高関税をかけることを認められてきた。では、アメリカはそんなことは止めろと言うのだろうか。そうではないのだ。右の条文の続きを読んでみよう。

「米国は日本が今後ともWTO上のコメ輸入量に関するコミットメントを満たすことを期待する」

ここで「あれ?」と思わなければウソだろう。アメリカはかんぽ生命や共済の場合のように、対等な競争条件や規制緩和を要求しているわけではない。単にWTOでの約束を守って、これからもミニマムアクセス米を入れろと言っているに過ぎない。

実は、このミニマムアクセス米と七七八%関税をWTOで承認してもらう際に、日本はアメリカとの間に七十数万トンの半分、つまり三十数万トンはアメリカから入れるという密約を結ばされた。だからアメリカはこれ以上のことは望まないと言っているのである。

▼郵政民営化の延長線上にあるTPPの金融問題

もちろん、日本が野放図に外米を輸入することにすれば、アメリカのコメ生産者は考えを変えて困難なジャポニカ種の栽培に邁進《まいしん》するかもしれない。また、アメリカの保険業界が、日本の保険市場など魅力的でないと変心すれば、かんぽ生命や共済はどうでもよくなるだろう。しかし、そんな蓋然性の低いことを考えても将来への備えはできない。むしろ、アメリカがこれまで何をしてきたか、歴史的パースペクティブで見ていくべきだろう。

実は、私は郵政民営化について取材を続けてきたので、TPPが話題となったときも郵政民営化の視界の中でこの問題を捉えたという事情があった。二〇一〇年一二月、ある郵政民営化反対派の勉強会の席で、ニュージーランドの反TPP運動が話題となり、この運動を支えているオークランド大学教授ジェーン・ケルシーが、『普通じゃない取引』（『異常な契約』として邦訳された）という編著を刊行したという話を聞いた。

インターネットで探すとアマゾンにはなく、直接申し込むしかないとわかったのでメールで注文した。やがて届いた本を読んで驚いたのは、ニュージーランドは農業国なのに、その中で農業を扱っているのがたったひとつの章だったことである。逆に、多くのページを割いていたのが「投資」と「金融」だった。これはケルシーの専門が投資と金融の分野の国際経済規制だという事情もあるが、読んでみるとわかるように投資と金融はあらゆる分野に横断的にかかわるため、重視せざるを得ないのである。

しかも、調べてみるとシンガポール、ニュージーランド、ブルネイ、チリといった経済的には小さな四ヵ国が始めたオリジナルのTPP（P4）では、金融の交渉は後回しになっていて、投資についての条文はまったくなかった。ところが、二〇〇八年にアメリカが参加することになってからは、金融と投資が大きな位置を占めるようになる。

TPP推進派の論者たちは、「金融と投資はもともとP4でも二〇〇八年から交渉することになっていたので、アメリカが持ち込んだものではない」などと言うが、P4だけで交渉していれば、今のように保険市場開放やＩＳＤ（国家と投資家の間の紛争解決）条項を含むものになるはずはなかった。これらはアメリカが主導したからこそ盛り込まれ、そして他の参加国が今、警戒せざるを得なくなったアメリカの通商戦略そのものなのである。

▼延々と続く金融・保険市場開放要求

アメリカ政府がウォール街の圧力で日本の金融市場を開放させているという話をすると、多くの人が「それは陰謀説だろう」と思ってしまう。たしかに、ろくろく調べもしないで陰謀説を振り回し、とほうもないことを言う論者もいる。しかし、日本政府に比べて、あるいは日本人に比べてアメリカ政府およびアメリカ人の戦略感覚はかなり長期的でしつこいものであることを知っておいたほうがよい。

アメリカ政府の公式文書に「日本の金融・保険市場の開放」が登場するのは、一九八二年の「国家安全保障決定指令　六九号」（図版1）において、次のように記載したときだろう。

「アメリカ政府は……日本が引き続き金融市場を開放するように促し、アメリカの商業銀行、証券会社、保険会社が、最低限日本の同業者と同様の扱いを受けるように求める」

この文書はすでに公開されているものの、今も五ヵ所が黒く塗りつぶされていて、その全容は把握できないが、経済力をつけて製造業では自国の市場を脅かしている当時の日本に対して、蓄積した富の運用を要求することがアメリカの国益にもかなうと判断したものであろう。

図版1　国家安全保障決定指令　六九号

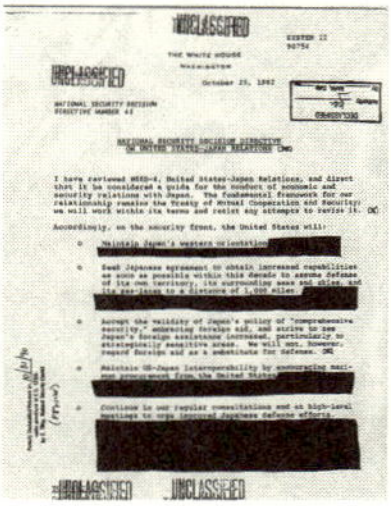
UNCLASSIFIED

THE WHITE HOUSE

WASHINGTON

UNCLASSIFIED

NATIONAL SECURITY DECISION DIRECTIVE

ON UNITED STATES-JAPAN RELATIONS

I have reviewed NSSD-4, United States-Japan Relations, and direct that it be considered a guide for the conduct of economic and security relations with Japan. The fundamental framework for our relationship remains the Treaty of Mutual Cooperation and Security; we will work within its terms and resist any attempts to revise it.

Accordingly, on the security front, the United States will:

- Maintain Japan's western orientation [redacted]
- Seek Japanese agreement to obtain increased capabilities as soon as possible within this decade to assume defense of its own territory, its surrounding seas and skies, and its sea-lanes to a distance of 1,000 miles. [redacted]
- Accept the validity of Japan's policy of "comprehensive security," embracing foreign aid, and strive to see Japan's foreign assistance increased, particularly to strategically sensitive areas. We will not, however, regard foreign aid as a substitute for defense.
- Maintain US-Japan interoperability by encouraging maximum procurement from the United States [redacted]
- Continue in our regular consultations and at high-level meetings to urge improved Japanese defense efforts.

[redacted]

UNCLASSIFIED　UNCLASSIFIED

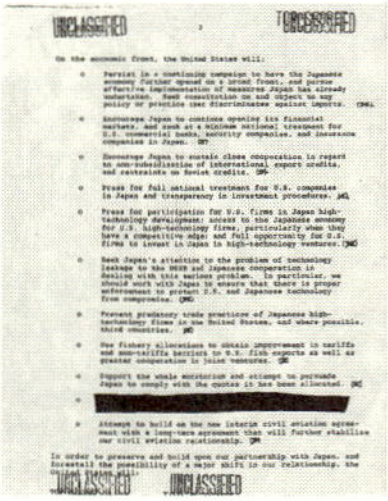
UNCLASSIFIED　UNCLASSIFIED

On the economic front, the United States will:

- Persist in a continuing campaign to have the Japanese economy further opened on a broad front, and pursue effective implementation of measures Japan has already undertaken. Seek consultation on and object to any policy or practice that discriminates against imports.
- Encourage Japan to continue opening its financial markets, and seek at a minimum national treatment for U.S. commercial banks, security companies, and insurance companies in Japan.
- Encourage Japan to sustain close cooperation in regard to non-subsidization of international export credits, and restraints on Soviet credits.
- Press for full national treatment for U.S. companies in Japan and transparency in investment procedures.
- Press for participation for U.S. firms in Japan high-technology development; access to the Japanese economy for U.S. high-technology firms, particularly when they have a competitive edge; and full opportunity for U.S. firms to invest in Japan in high-technology ventures.
- Seek Japan's attention to the problem of technology leakage to the USSR and Japanese cooperation in dealing with this serious problem. In particular, we should work with Japan to ensure that there is proper enforcement to protect U.S. and Japanese technology from compromise.
- Prevent predatory trade practices of Japanese high-technology firms in the United States, and where possible, third countries.
- Use fishery allocations to obtain improvement in tariffs and non-tariffs barriers to U.S. fish exports as well as greater cooperation in joint ventures.
- Support the whale moratorium and attempt to persuade Japan to comply with the quotas it has been allocated.
- [redacted]
- Attempt to build on the new interim civil aviation agreement with a long-term agreement that will further stabilize our civil aviation relationship.

In order to preserve and build upon our partnership with Japan, and forestall the possibility of a major shift in our relationship, the United States will:

UNCLASSIFIED　UNCLASSIFIED

翌年、当時のレーガン米大統領が訪日することになったとき、日本側はおそらくレーガンは牛肉とオレンジの市場開放を要求するだろうと予想した。このとき、日米摩擦は牛肉・オレンジ問題とされていたからだ。ところが、来日したレーガンが演説したのは、日本の金融市場の開放だった。

その後もアメリカは豊かになった日本の金融・保険市場開放を繰り返し要求した。一九九三年に始まった日米包括協議では、それまで外資に対して閉鎖的だった日本の保険市場が俎上に載せられた。

翌年に開催された日米保険協議では、それまでアメリカの保険会社に優先的に割り当てられていたがん保険などの第三分野に加えて、生命保険の第一分野、損害保険の第二分野についても自由化することを合意した。

ところが、突如、アメリカ側が第三分野の自由化はまかりならぬと言い出して日本側を驚かせた。アメリカは保険市場の全面的な開放を要求していたのに、第三分野の特権を維持するため、この分野の自由化を逆に遅らせろと言ってきたのである。その背後では世界最大の保険会社であるＡＩＧのモーリス・グリーンバーグ会長が動いていた。

この事件は日本の保険市場の開放がアメリカの保険業界の都合で左右されることを如実に示しただけでなく、日本政府が保険業界の意を体したアメリカ政府に逆らい難いことを明らかにした。当時、大蔵省で日米保険協議を担当した榊原英資氏はやや回りくどい表現で次のように回想している。

「保険業界という業界は選挙に強いなどということもあって、どの国でもかなり強い政治力を有しているのだが、アメリカの保険業界の政治力もかなりのものだった。特に前述したＡＩＧのグリーンバーグ会長の民主・共和両党にまたがる政治力はなかなかのものだった」[*1]

九五年には「日本国政府及びアメリカ合衆国政府による金融サービスに関する措置」が交わされたが、ここで登場するのが「金融サービス」における「内外無差別」である。

「相手国の金融サービス提供者に対し、本措置の対象となる銀行、証券及びその他の金融サービスに関し、現行の業務の拡大、新たな業務上の拠点の設置、及び新たな活動の実施に係るものを含め、最恵国待遇、市場アクセス及び内国民待遇を与えるとのコミットメントを確認する」

これは一見、日米両国にとって公平な文書に思われるが、当時の日本の金融・保険業界が、九〇年からのバブルの崩壊でぼろぼろになっていたときのものであることを思い出しておくべきだろう。アメリカの保険を含む金融機関による日本市場進出が、この時期に急速に進んだことは周知の事実である。

こうしたアメリカの金融市場開放への強い執着は、自国の製造業が後退して、金融を含むサービス業に経済全体が依存するようになったことと無関係であるはずがない。アメリカは世界貿易においてGATT（貿易に関する一般協定）から急速にGATS（サービスの貿易に関する一般協定）を推進する方向に傾斜したが、それは途上国のみならず先進国からも喜ばれなかった。

そこでアメリカは交渉の場をＷＴＯから各個撃破のＦＴＡ（自由貿易協定）に切り替えていくわけだが、その途上にＮＡＦＴＡ（北米自由貿易協定）があり、今最大のテーマとなったＴＰＰによるアジア太平洋地域の金融市場開放があると見てよい。

この間にも「年次改革要望書」に明らかなように、日本に対して繰り返し金融と投資の開放を要求している。この要望書については関岡英之氏の『拒否できない日本』[*2]以来の研究が知られているが、関岡氏によれば金融サービスにおいては保険分野こそアメリカの中心的ターゲットであり、二〇〇五年の郵政民営化もアメリカの通商戦略の中で見るべきなのだ。要望書の一九九九年版から引用してみよう。

「米国は日本に対し、民間保険会社が提供している商品と競合する簡易保険（簡保）を含む政府および準公共保険制度を拡大する考えをすべて中止し、現存の制度を削減または廃止すべきかどうか検討することを強く求める」

これは外交文書としてはほとんど恫喝《どうかつ》と言ってよいものであり、自国の保険業界のためにＵ

ＳＴＲがどこまで躍起になっているかを示す一例であろう。そしてまた、こうしたアメリカ金融界とアメリカ政府の戦略の延長線上に、今回のＴＰＰにおける金融と投資の開放要求が存在することを知らねばならない。

▼米韓FTAにおける保険市場の開放

ここで日本のＴＰＰ参加後を垣間見るために米韓ＦＴＡについて触れておきたい。今も米韓ＦＴＡは韓国経済政策の勝利だとされ、日本は見習うべきだと論じる倒錯した論者が大勢存在する。しかし、米韓ＦＴＡこそアメリカの金融市場開放政策が適用された典型的な例であり、私たちはこの観点から見直しておく必要がある。

その前に、いかに米韓ＦＴＡ称賛が馬鹿馬鹿しいものであるかを簡単におさらいしてしまおう。日本の財界人は二〇〇八年ころからの韓国の対米輸出の伸びが韓国のＦＴＡ戦略のおかげだと論じたが、米韓ＦＴＡが発効したのは二〇一二年三月一五日であり、ＦＴＡはまったく関係なかった。韓国の対米輸出攻勢は通貨ウォンの一時はマイナス五〇％にも達した下落であり、現在の貿易が関税ではなく為替レートに大きく左右されるという好例と言える。

また、韓国政府は米韓ＦＴＡが発効して二ヵ月で前年同時期より一一％も対米輸出が伸びたと「成果」を誇ったが、同時期の日本の対米輸出は三九％も伸びていたのだから、これはアメリカ経済の回復によるものと考えるべきだろう。

さらに、韓国政府は二〇一二年末にも同年一一月までの推移を発表して、貿易全体はわずかにマイナスだったが自動車が四・一％伸びたと述べた。しかし、日本は同時期に対米輸出が全体で一三％の伸びを示した。そもそも、自動車についてアメリカは韓国車への関税をまだ撤廃していないので根拠にはならない話だった。

加えて、韓国政府は米韓ＦＴＡ発効一年の際にも対米輸出が一・四％伸びて好調と発表したが、ほぼ同時期の日本は一二％も伸びていた。改めて言うまでもないが、韓国は輸出攻勢で経済がやや持ち直したことでウォンが上昇し、一方、日本はアベノミクスが成功すれば円が安くなりさらに輸出が伸びるだけのことである。

韓国の農業が米韓ＦＴＡでいかに甚大な被害を受けつつあるかは、この原稿のテーマでないので詳細に述べないが、コメは守ったというものの、すでにＷＴＯでミニマムアクセス米と高関税を承認されていたことを考えれば、他の農産物の関税撤廃や他の分野での妥協を引き出すための交渉材料に使われただけだ。日本のコメにも同じ運命が待ちかまえている。

その一方で、コメを守るための犠牲として、韓国の金融・保険分野は惨憺《さんたん》たる交渉負けをするはめになった。次に示すのは米韓ＦＴＡの付属文の保険に関する部分である。

「韓国郵政によって、公共に提供される保険サービスの規制は、韓国郵政が同国内における同種の民間保険サービス企業に対して、優位に立てることを、認めるものであってはならない」（付属文13のD）

「韓国の業種共同組合によって供給される保険は、規制によって同種の民間保険に対する競争上の優位をもたらす扱いを受けてはならない」（付属文13のBのF）

これらの付属文を読めば、韓国の郵政および共済が民間保険会社（ということはアメリカの保険会社）と同等以下の扱いにされたことを示している。このことによって韓国郵政の保険部門と各種の共済はアメリカの保険会社によって蚕食されることになるだろう。

すでにアメリカ上院は米韓ＦＴＡを推進するにあたって米国保険業界の代表を呼んで証言させているが、代表の証言というのが「韓国はわが米保険業にとって重要な市場である。米韓ＦＴＡはその意味でアメリカにとって有意義であろう」というものだったのだから、何をか言わんやである。

韓国では米韓FTAに合わせて国内の「経済・信用分離」が推進された。この経済と信用の分離とは、農協であれば流通部門と金融部門の分離を意味し、郵政であれば郵便部門と金融部門の分離を意味する。これらはあたかも国内の「改革」の一環として実施された。

しかし、たとえば「農業協同組合法一部改定法」は韓国農協の金融部門を分離して民間と同じ規制の農協銀行・農協生保・農協損保に分けるものだが、その実施は二〇一一年三月である。これが米韓FTAの発効と無関係だと思う人は、よほど性格が素直にできていると言うしかない。

▼日米TPP事前交渉のおぞましい構図

米韓FTAとは韓国の保険市場にとって日本の「郵政民営化」と「TPP参加」が一度にやってきたようなものだった。もちろん、日本ではこれから「TPP参加」の効果が出てくるわけだが、その準備は韓国と同様に着々と進められてきた。

まず、蓮舫《れんほう》氏が仕切ったことで有名な「行政刷新会議」ですでに農協の流通と金融の分離は検討されていたが、二〇一二年七月六日に「国家戦略会議」が発表したTPP参加を前提とする「繁栄のフロンティア部会報告書」の中で次のように記載された。

「流通部門に対する民間参入が促進されるようにすべきである。また、民間金融機関による農家や農業に参入する中小企業等への金融支援が大きく拡大していくことも求められる。これらの観点から、できるだけイコールフッティングを確保し、銀行や流通業者等の民間企業が農業に関わりやすい環境を整えるための改革を進めていくべきであり、たとえば農業協同組合の金融部門と流通部門を分離し、金融部門による流通部門の内部支援を廃止することも必要であろう」

もちろん、こうした「準備」は民主党政権の下に行われたものだが、それで自民党政権になったからチャラになったと思ったら間違う。作業をしているのは日本の官僚たちで、彼らはTPPに参加することを前提で、アメリカの行政府やシンクタンクなどから情報をもらいながら延々と作業を繰り返してきたのだ。そしてまた、アメリカの行政府やシンクタンクを動かしているのはアメリカの圧力団体である。

ここでTPP交渉をめぐる連携と圧力の構図を見ておこう（図版2）。TPP交渉を行うのはもちろん日本政府とアメリカ政府だが、それは表舞台あるいは氷山の一角に過ぎない。アメリカのホワイトハウスやUSTRには米議会からの圧力や業界からの圧力が常時あり、また、アメリカの場合はそうした政府機関と周辺にある法律事務所やシンクタンクとは人材交流が頻繁に行われている。

今回のTPP問題において、法律事務所で目立った動きを見せたのがホーガン・ロベルズであり、ここの最高顧問はクレイトン・ヤイターだった。彼は八〇年代のジャパン・バッシングの立役者であり、USTR代表や農務省長官を歴任した「ミスター日本バッシング」のような人物と言え、二〇一〇年に菅元首相がTPP参加を言い出す前後に日本の新聞で頻繁に発言している。

また、TPPについて盛んにコミットしたシンクタンクは、ピーターソン国際経済研究所とCSIS（戦略国際問題研究所）だが、こうしたシンクタンクは自前のスタッフの他に大学の研究者などに委託してTPPがいかに世界に有益かのレポートを書かせ、魅力的なTPPについてのプランを提出させて、それをアメリカ国内だけでなく日本のマスコミや政府機関に提供してきた。

一連のTPP論争で興味深かったのは、シンクタンクのレポートが発表されると、日本のTPP推進派がそれを鵜呑《うの》みにしたような言説を復唱したことだった。自由貿易の拡大だと言わ

図版2　日米のTPP交渉をめぐる連携と圧力の構図

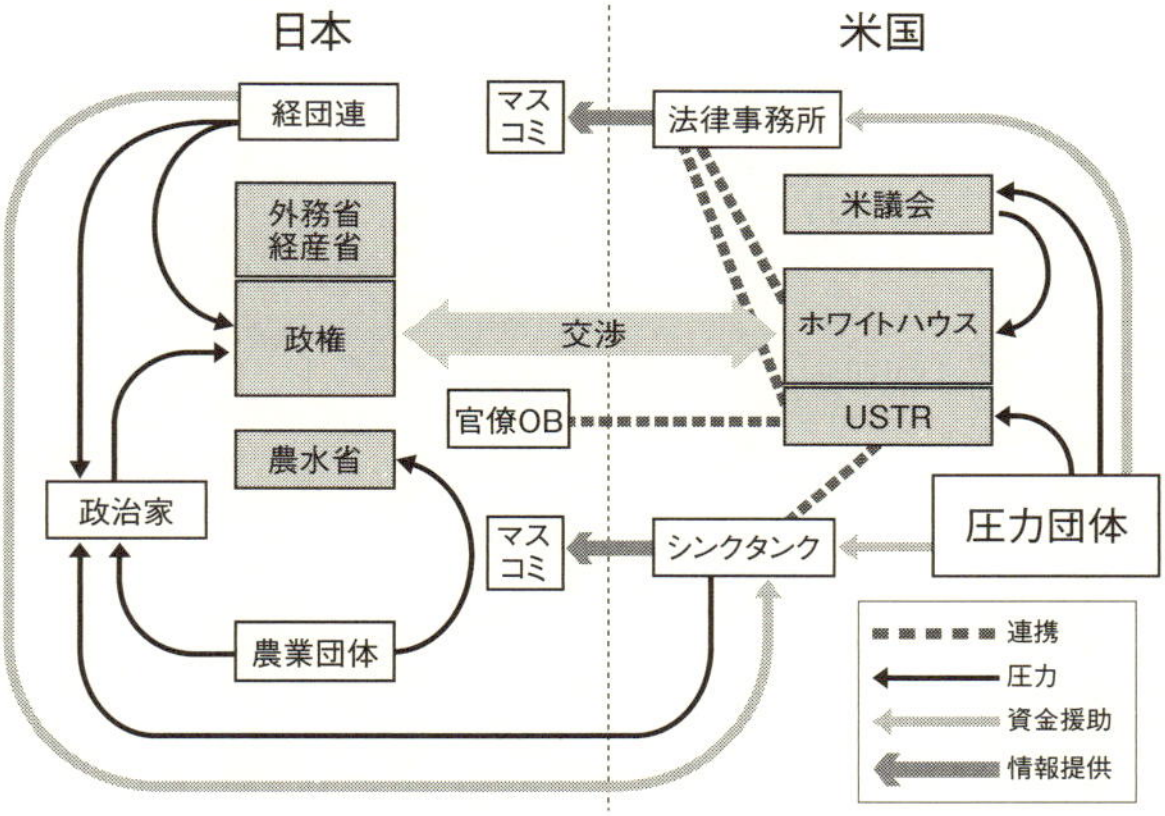

れれば自由貿易だと論じ、実は安全保障だったとされると安全保障が重大だと語り、中国の封じ込めとなると中国の封じ込めがＴＰＰのテーマだとされる。中国との協調も考えると言い出せば、中国とのＦＴＡも推進されるなどと宣《のたま》ったものである。

▼米圧力団体・シンクタンク・日本のマスコミ

この構図の中で見逃してならないのは、そうしたアメリカの法律事務所やシンクタンクの背後で活動資金を提供しているのはアメリカの圧力団体であり、場合によれば日本の圧力団体でもあったということだ。

ＴＰＰにかかわったアメリカの圧力団体としては「米国商工会議所（ＵＣＣ）」「全米農業者

協会（ＡＦＡ）」「全米サービス業連合会（ＣＳＩ）」などだが、注意すべきは全米サービス業連合会が参加団体三一のうち一〇団体が保険で四団体が金融であり、事実上のアメリカ金融業界代表だということだ。ＵＳＴＲのカーク前代表は特に全米サービス業連合会とのつながりが深く、「（金融を含む）サービスの輸出を三倍にすべきだ」と演説したのはこの連合会の席においてのことだった。[*3]

全米サービス業連合会はＴＰＰ交渉が本格化すると繰り返し文書やアピールによってＴＰＰ推進を支持してきた。[*4]たとえば、早いものでは二〇一〇年一月二五日の「ＴＰＰについての全米サービス業連合会の声明」があるが、この中でも保険について次のように記している。

「ＴＰＰは保険の分野では可能な限り高い基準を維持すべきであり、米韓ＦＴＡをモデルとすべきだ」

いかにアメリカの保険業界がＵＳＴＲを通じて米韓ＦＴＡで「高い基準」を実現したと自負しているかが、こうした声明にも表れている。逆に言えば、米韓ＦＴＡで行われたような郵政や農協における保険部門の「民間化」をＴＰＰでも望んでいるということである。

二〇一一年一一月一一日には、当時の野田佳彦首相のTPP参加のための協議開始を受けて、全米サービス業連合会会長のボブ・ヴァスティンが歓迎の言葉を発表している。また、二〇一二年一月一三日には「カナダ、日本、メキシコのTPP参加についての声明」を発表したが、ここでも保険について次のように記している。

「日本市場はアメリカの保険会社にとって世界で最も重要なひとつである。……しかし、日本での保険市場は保険サービスを提供する日本郵政という国有企業の存在によって歪められている。また、*Kyosai*（共済）という無規制的あるいは部分規制的な保険ビジネスも存在しており、そのいくつかは政府機関の管轄下にあり、アメリカの保険会社と比べて規制面、税制面、営業面での優位性を享受している」

日本ではこうした背後の圧力団体の動きが報道されないが、何のことはないメジャーなマスコミの連中は、こうした圧力団体が資金を提供しているシンクタンクから情報をもらって報道しているので、「木鐸《ぼくたく》」の本来の任務がまったく果たせないのである。

日本経団連などはシンクタンク、ＣＳＩＳと組んで東北特区で一儲《ひともう》けを考えているらしく、

TPP参加を前提とするCSISのレポート「復興とより強き未来のためのパートナーシップ」[*5]では、アメリカの識者からアイディアをもらって外国の企業と組んで、東北特区で「コスト・エフェクティブ」な新しい医療制度を実験することになっている。

ちなみに、CSISが主催した二〇一〇年一月の講演会で、当時のUSTRマランティス次席代表は「来週に日本に行くが、その任務は牛肉、自動車、保険で日本を説得することだ」と明け透けに述べており、すでにアメリカの「関心事項」がこの三つに絞られていたことを示唆している。

また、ピーターソン国際経済研究所は二〇〇九年一二月からTPPについてのレポートを発表してきた。中でもピーター・ペトリとマイケル・プラマ[*6]は、二〇一一年一〇月にファン・ザーイと「TPPとアジアの統合　数量的予測」（東西センター）を書いていたが、翌年七月にピーターソンの「ポリシー・ブリーフ」に「TPPとアジアの統合　政治的意味」を発表して、FTAAP（アジア太平洋自由貿易圏）を前提とするTPPの「太平洋トラック」（アメリカを中心とするTPPへの取り組み）とともに「アジア・トラック」（中国を中心とするTPPへの取り組み）を強調した。

以降、二人は繰り返しTPPによるGDP押し上げ率を発表するようになり、日本について

図版3　ご都合主義のTPPシミュレーション

試算機関	GDP押し上げ効果	「修正後」の数値	備考
日本の内閣府・政府	0.54% 2.7兆円（10年で）	0.66% 3.2兆円（10年後）	少ないので参加表明まで発表しなかった
ピーターソン国際経済研究所	0.58% （ベースでの数値）	2.2% （相乗効果がある）	FTAAPが2020年に成立するという前提での試算

日本の内閣府発表と比較して四倍以上の数値を提示している（図版3）。こうしたレポートは日本の経済マスコミが好んで取り上げ、いかにも正しい予測であるかのように報じられてきた。二〇一二年一一月には再びザーイとともにピーターソンから『TPPとアジアの統合　数量的予測』を単行本およびキンドル版で刊行している。

▼今の日本の官僚にまかせては危険だ

では、日本政府のTPP対策はどうなっているのだろうか。すでに述べたように日本の外務省や経産省のキャリアのほとんどは、TPP参加ありきで着々と自分たちの「任務」を遂行してきたのであり、これからも遂行していくことだろう。しかも、二〇一一年秋に経産官僚OBがアメリカ側に日本の「攻めどころ」をご注進する事件があったように、親米派が圧倒的に多いと見たほうがいい。

日本の官公庁連名による「TPP協定交渉の現状」は、これまでタイトルを微妙に変えながら少なくとも三回発表されているが、これらを読めば日本の官僚たちは本気で情報収集をしていることを疑わせるに十分である。

たとえば「金融サービス」の項目だが、平成二三年一〇月版では、「公的医療保険制度など国が実施する金融サービスの提供は、TPP協定交渉参加国間のFTAでもGATSと同様に適用除外とされており、議論の対象となっていない模様」とか「TPP協定交渉参加国間のFTAにおいては見られないものの、我が国との二国間の協議において提起されている関心事項(郵政、共済)について、追加的な約束を求められる場合には、慎重な検討が必要」などと呑気《のんき》なことを言っていた。

それは平成二四年三月版でも同じで、公的医療保険制度について同様の記述をするだけでなく、「米国は、公的医療保険制度を廃止し、私的な医療保険制度に移行することを要求していることはないと明言」などと付記し、「保険サービスについて民間との対等な競争条件の確保を念頭に議論が行われているとの情報があるが、郵政事業体や共済といった個別分野の扱いについては明らかになっていない。また、郵政事業体や共済についてはこれまで議論はないとの情報もある」と述べているのはほとんど痴《おこ》の沙汰と言うべきだろう。

しかも平成二五年二月版においても、公的医療保険制度については、まったく同じ文章を繰り返し、保険サービスについても同じことを繰り返したあげく[*7]、自民党の政治家への説明において官僚は「保険について議論はあっても共済についてはない」などと述べたらしい。

しかし、どこの国に交渉前に「お前の国の公的制度を潰してやる」などと言う愚かな高官がいるというのだろうか。アメリカが狙っているのは参加国の公的制度の「廃止」などではなくて「変更」である。

事実、二〇一一年九月にUSTRが発表した「医薬品へのアクセスの拡大のためのTPP貿易目標」[*8]には、「政府の健康保険払戻制度の運用において透明性と手続きの公平性の基本規範が尊重されることをもとめる」と事実上の変更要求を掲げている。

すでに米豪FTAと米韓FTAで相手国の公的制度を変更することに成功し、今度はTPPで「薬価問題」だとして参加国の公的制度を変更させようとしている。払戻制度は「薬価問題」などではなく、公的医療保険制度の適用範囲を決める制度の根幹である。

保険サービスについては、すでに述べたように「外国貿易障壁報告書」の中で、日本に対してはかんぽ生命の完全民営化と共済の分離を要求している。アメリカは保険サービス一般として郵政も農協も「変更」の対象としている。

また、共済はアメリカからすれば日本の「保険」に他ならず、「日米経済調和対話」でも「外国貿易障壁報告書」でも「保険」の項目に入っている。TPPでKYOSAIという言葉が使われていないから共済は安全だと言うのは、公的医療保険制度を「廃止」すると言っていないから「変更」もしないはずだと言うのと同じ類のごまかしである。

そんなことはないと言うのは、楽天的な日本の官僚とTPP推進派だけで、アメリカのピーターソン国際経済研究所でTPP推進のためのレポートを書いてきたピーター・ペトリとマイケル・プラマは、二〇一三年一月二八日付の日本経済新聞で繰り返し日本の内閣府発表と比べて四倍もの効果を強調しつつ、医療と保険について次のように正直に述べている。

「一部の人はTPPに加われば、米国型の医療が押し付けられ、日本の医療を損ないかねないと懸念している。だがそうはなるまい。米国の制度上の問題点は広く知られており、それを受け入れる国はほとんどないはずだ。ただし、先進的な医薬品を選択対象に含めることと、一部の医療サービスと保険市場の開放が要求されることはありうる」（傍線・東谷）

アメリカ政府は日本に米国型の医療制度にしろと言うことはないが、医療サービス市場や保険市場をもっと開放しろと言うだろうと述べているのだ。それもこれもアメリカの医療保険業界と医療産業の利益のためである。そしてまた、かんぽ生命や共済（特に資産の大きいＪＡ共済）といった「共同体型保険サービス」は、アメリカの「開放」の対象となるのだ。

▼かんぽ生命はなぜ狙われるのか

これまで述べてきたように、かんぽ生命やＪＡ共済の資産は、アメリカの保険業界にとっては垂涎《すいぜん》の的であり、これまで繰り返し「開放」を求めてきたのに、まだ実現していない変更要求のターゲットである。

二〇一二年に民主党、自民党、公明党によって「改正郵政民営化法」が成立し、郵政関係者は「これで新規事業を行い、金融部門の収益で郵便部門のユニバーサル・サービスを維持できる」と思ったのも束の間、同年五月にはＵＳＴＲのウェンディ・カトラー代表代理がやってきて圧力をかけ、外務省や総務省の高官立ち会いの下で当時の日本郵政社長である斎藤次郎氏に「がん保険への参入は凍結する」と言わせた。

その後も郵政担当大臣が変わるたびに駐日ルース米大使がやってきて、「かんぽ生命の新規事業はどうかと思う」とか「郵貯の新規事業は問題だ」とか述べて牽制《けんせい》および圧力を繰り返したことは、公になった情報だけでも数度におよぶ。

そのせいであろう、かんぽ生命が総務省と金融庁に認可申請中だった学資保険の販売開始時期が、当初予定していた二〇一三年四月から「当面延期」されることとなった。また、ゆうちょ銀行の住宅ローンなどの新規事業について、麻生金融担当相が「郵便局に融資審査能力なんかない」と述べて認可に難色を示すようになった。

これでもTPPとかんぽ生命およびJA共済とが無縁だと信じる人は、日米の保険をめぐる交渉史を振り返ったほうがいいと思うが、では、なぜかんぽ生命やJA共済がアメリカ金融界のターゲットとされるのだろうか。それはすでに述べたように、両保険サービスが巨大な資産の運用を狙っているからに他ならない。保険市場拡大が日本の郵政民営化を背後で推進した最大のモチーフであったし、また、TPPにおける「金融サービス」の市場開放の目的でもある。

しばしば、TPPに反対している政治家を含めて、「アメリカ保険業界が日本のかんぽ生命やJA共済の資金をすべて剝奪することはできないし、たとえ一部を奪取しても運用において日本国債くらいしかないのだから、結局は同じことではないか」などと能天気にも思っている人がけっこう多い。

たしかに、陰謀説好きの論者は「剝奪」とか「乗っ取り」とかの言葉を好むが、では、もっと穏当な想定をして、かんぽ生命やJA共済の市場が「蚕食」つまりその一部を奪取されたとして、それでも日本政府や日本社会は安泰でいられるのだろうか。
周知のように、日本国債の保有者の三三％は郵政マネー、つまりかんぽ生命とゆうちょ銀行である。話を少し単純化して、保険分野で見ていくことにするが、平成二三年のかんぽ生命の資産運用のうち七八・九％が日本の公社債であるのに対し、アメリカ国籍の有名保険三社平均の日本公社債は三八・四％に過ぎない（図版４）。

図版4 「保険」事業体の資産運用（平成23年度）

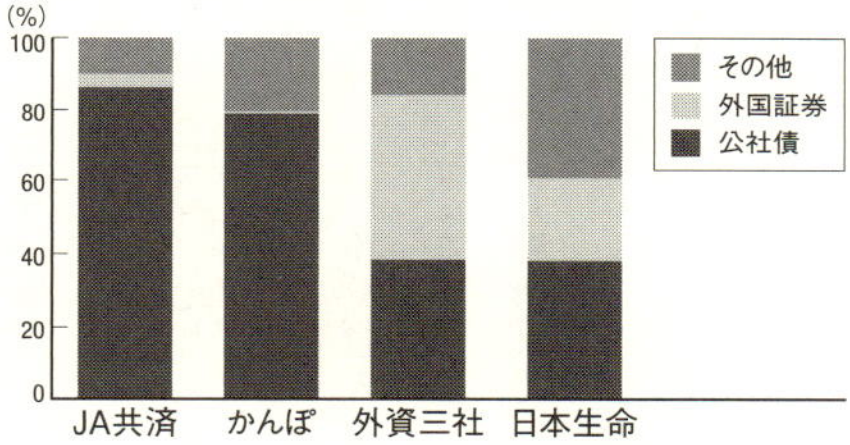

（それぞれの資産運用データから作成）

また、かんぽ生命はほとんど外国証券を買っていないが、アメリカ保険三社は日本の公社債よりも多く四五・八％にも達する。ちなみに、日本の民間保険会社である日本生命は、日本公社債はアメリカ三社並みだが、外国証券は二一・四％にとどまる。ＪＡ共済の場合、日本公社債が八六・三％、外国証券が三・七％であり、かんぽ以上の「貢献」である。
つまり、かんぽ生命やＪＡ共済の市場がアメリカ系保険会社に蚕食されると、「剝奪」や「乗っ取り」などなくとも、日本国内の資産は日本国債や日本公債から外国証券に向かい、しだいに国外に投資されることになる。これは何を意味するだろうか。

まず、日本の資産が国内ではなく海外で運用されることになり、その利益も外国保険会社が手にすることになる。それでも税金は入るだろうと言う人もいるが、それは国内で運用されたときのことで、たとえば海外での外資のキャピタルゲインに対して、どうすれば漏れなく課税できるのか、その方法を教えてほしいものだ。

また、これまで巨大な財政赤字を支えてきた郵政マネーや農協マネーが縮小して、日本国債の引き受け手が減ることを意味する。それが日本国債の「暴落」につながるかどうかは、日本国内の他の金融機関の方針にもよるだろうが、ただでさえ危機状況と言われる財政累積赤字の削減は覚束なくなる。ましてや、総額二百兆円と言われる自民党の「国土強靭化計画」など夢のまた夢と化してしまうだろう。

さらに、郵政は「改正郵政民営化法」によってユニバーサル・サービスが再確認されたが、そのためには巨大な赤字を続ける郵便部門を金融部門からの援助によって支えるしか方法はない。郵便部門が赤字体質なのはアメリカですらそうであり、この援助が不可能だと言うのなら、税金によって支えるしかないだろう。郵政マネーの流出はすでに法制化したユニバーサル・サービスを根底から揺るがすものになる。

▼ＷＴＯでは許されてもＴＰＰでは許されない

こうした問題をすでにかかえていながら、民主党を中心とする連立政権時代には「ＷＴＯのルールにしたがって郵政マネーは維持できる」ことになっていた。それは国民新党が金融・郵政担当相の椅子を確保していた時期にそう説明された。私は自見庄三郎元金融・郵政担当相から直接聞いたこともある。しかし、これはかなり危うい主張に過ぎなかった。

たしかに、政府が株式をもつ郵政事業体が、子会社に金融機関をかかえるという経営形態は先進諸国では珍しくない。

資本関係から見ると一〇〇％の株式をもつ政府の下に持株会社としての郵政があり、その子会社という形で郵便と金融を置くのがイタリアやニュージーランド。また、政府と郵政の間に純然たる持株会社を挟んで、郵政の下に郵便と金融を置いているのがイギリスやドイツである。したがって、経営形態上はゆうちょ銀行、かんぽ生命が問題になるはずはない。

しかし、日本のゆうちょ銀行やかんぽ生命は、他の先進国の郵政系金融機関と比べると資金量が圧倒的に多いことが批判の対象となってきた。また、西川善文元社長時代に経営の失敗からＪＰエクスプレス問題で巨額の負債をかかえ、郵便部門が慢性的赤字に陥った日本郵政グループの場合、金融部門が「手数料」によって援助する方法が「利益移転」にあたるとの指摘もある。
さらに、これが最も大きな問題だが、ＴＰＰのような地域貿易協定（ＲＴＡ）の場合、ＷＴＯのルールを超える新たなルール作りが可能だということである。ＷＴＯにおいてはＧＡＴＴ第二四条とＧＡＴＳ第五条において、ＲＴＡを設ける際の要件が書かれているが、逆にこれらの条項がＷＴＯのルールを超えて、ＲＴＡ独自のルールを許していると解釈されてしまっている。経済産業省の「ＲＴＡ（地域貿易協定）」は次のように指摘している。

「要件の具体的解釈が不明確であることや、授権条項がＧＡＴＴ第二四条との関係について触れていないため授権条項によるＲＴＡに対する規律の適用関係が不明確であることが、ＷＴＯ体制の形骸化を招きうる問題となっている」

ましてや、アメリカはＷＴＯにおいて金融サービスの自由化を目指して挫折し、その克服としてＦＴＡやＮＡＦＴＡなどのＲＴＡ戦略を展開してきたのである。ＷＴＯが許す最低限のルールにとどめようなどという気はまったくないと言ってよい。
また、繰り返しになるが共済についても、アメリカは「金融庁による監督下に置かれることを含め、民間セクターのカウンターパートと同じ規制水準・監督に服することを求める」として、「同じ土俵をつくること（レベリング・ザ・プレイング・フィールド）」を延々と要求してきた。

アメリカが、以前にも圧力をかけて改革を促したにもかかわらず、日本が二〇〇五年の共済改革では十分に実行しなかったこの問題を、TPPという包括的な地域貿易協定の形成の中で片づけてしまおうと考えていないと思うほうが不自然だろう。

▼「かんぽ」と「共済」には継続メリットがある

TPP推進派の中には、たとえアメリカという外圧であるにせよ、郵政のかんぽ生命とゆうちょ銀行が今度こそ本当に「民営化」され、農協の金融部門であるJA共済やJAバンクが流通と分離され「民間化」されることを好ましいとする論者がいる。ともかくも郵政とかJAは「権益」の塊であって、日本国民には何のメリットもないと考えているらしい。

しかし、郵政系のかんぽ生命やゆうちょ銀行は、間接的にせよ政府が大量の株式を保持している金融機関として日本国民の「安心保険」「安心銀行」としての役割を担っている。また、辺地や島嶼部《とうしょぶ》における唯一の金融機関として十分な意義を保持している。だからこそ、すでに金利や保険金においてはほとんど優位性がないというのに、今もかんぽ生命やゆうちょ銀行の膨大な利用者が存在するのである。

ＪＡ系についても、たしかにＪＡバンクの利用者は二〇〇九年に半分以上が准組合員となったが、そのことでＪＡバンクの経営が危機を迎えているわけではない。そもそも、それが農協のあり方として不適切か否かを判断するのは、少なくともアメリカ保険業界やＵＳＴＲではなく、農協関係者であり日本国民ではないだろうか。

ＪＡ共済を含む日本の共済についても、アメリカの保険業界が日本で市場を開拓するためには最大の障害であろう。共済が会員制を前提とする「特定多数に提供する保険サービス」であるのに対して、民間保険は「不特定多数に提供する保険サービス」であり、リスク計算において共済は有利になる。共済の掛け金はより安く共済金はより高くできるからである。

しかし、それはまさに共同体を介した保険サービスのメリットであり、それを享受しているのは日本国民に他ならない。どのような論理でアメリカ保険業界とＵＳＴＲがその制度を破壊することを正当化できるのだろうか。「レベリング・ザ・プレイング・フィールド」の論理は公正のロジックではなく共同体性を破壊するグローバル金融に特有の「収奪のレトリック」に過ぎない。

ちなみに、日本政府の「ＴＰＰ協定交渉の現状」では繰り返し「ＩＳＤＳ手続の金融サービス章への適用については、パネリストの選任等について議論されているが、合意は形成されていない」と記載しているが、これを解読すれば「アメリカは金融サービスについてもＩＳＤＳ条項で攻める気であるのは否定できない」ということになる。

ＩＳＤ条項が金融サービスに適用できるとなれば、たとえば、日本国内でビジネスを展開するアメリカの保険会社が業績が向上しないとき、これを郵政のかんぽ生命やＪＡの共済への政府の支援があるせいだとして、日本政府を提訴できる。すでに述べたように公的医療保険制度への攻撃を「薬価問題」だと言いくるめているＵＳＴＲのことである、アメリカ医療産業界のために日本政府を提訴する「国内民間保険会社への不当な支援」の論理を作り出すことなど朝飯前だろう。

二〇〇五年の衆議院選挙で決着した郵政民営化問題は、国内の構造改革の「本丸」と位置づけられていたが、実は、小泉純一郎元首相が主張していた郵政の問題点はすでにすべて解決していた。このことはＴＰＰにも関係するので、少し郵政民営化を振り返っておく。

小泉元首相は郵政民営化を進めねばならない理由として、第一に、すでに宅配便が日本全国をくまなくカバーしているから郵便事業はもういらない、第二に、郵貯や簡保が民間金融機関を圧迫している、第三に、郵貯・簡保の資金が財政にまわる財政投融資のしくみが財政赤字を拡大している、という三つを挙げていた。

しかし、宅配は辺地や島嶼部では郵便に委託していることに典型的なように、収益率の高い地域を優先しており、全国をカバーしているのは郵便ネットワークだけだった。また、一九九二年に郵政省と大蔵省が「定額合意」を交わして、郵貯における金利の優位性はなくなっていた。さらに、二〇〇一年にすでに財投改革は終了していて、郵政公社も国債を債権市場から購入するなど、国債の市場化すら終わっていたのである。

▼竹中平蔵さんが「理屈を一から」でっち上げた

そのため、郵政民営化担当大臣をおおせつかった竹中平蔵氏は、これは「困ったことになった」と思った。小泉元首相は郵政民営化を構造改革の「本丸」と主張して国民を煽《あお》り、また、訪米の際に当時のブッシュ大統領に簡保市場の開放を約束してしまったが、日本国民を丸め込んで説得する理屈がなかったのである。
この前後の事情は、後に田原総一朗氏が佐高信氏との対談で暴露している。[*9]
田原　ある時、竹中平蔵さん（元郵政民営化担当相）から電話がかかってきた。「困ったことになった。小泉さんが私に郵政民営化の担当大臣になれと言う。でも民営化は必要ないんですよ」と竹中さんは言ったんです。

佐高　なぜ必要ないと言ったのですか。

田原　小泉さんが郵政相の時に郵政民営化をブチ上げた理由は、財政投融資が問題だったから。郵便貯金で集めたカネを官僚たちが使いまくり伏魔殿になっていた。そこで小泉さんは民営化によって入り口を閉めようとした。だけど、2001年に郵貯からの財投はなくなった。竹中さんは「だから郵政民営化は必要ない」と僕に言いました。

佐高　でも竹中さんは担当大臣になりましたね。

田原　竹中さんは「他の人がやったら絶対うまくいかないから、自分がやるしかない。民営化が必要な理屈も一から作るしかない」と言ってました。

田原氏といえば小泉改革賛成派で、自分の番組を通じて公的電波で構造改革への支持を訴えた人物である。そのことを思うと自分の責任はどうなるのかと言いたくなるが、それはともかくとして、一からつくった「理屈」というのが、第一に、郵政の資金が「官から民に」流れるようにするため、第二に、日本を「小さな政府」にするためという理屈だった。

しかし、郵政を民営化したからといって、郵政が持っていた資金が民間に流れるということはなかった。資金を持っている郵政が民間企業になったというだけのことである。これについて、竹中氏のブレーンだった髙橋洋一氏が私の取材に対して次のように答えている。

「郵貯を民営化すれば官から民になるというのは、国債を抱えている主体が官から民になるというだけのことで、それ以外に何の意味もない。資金が流れないことを問題にする人がいたけれど、私は何とも思っていませんね*10」

また、「小さな政府」については、公務員比率も政府支出対GDP比も小さな日本は、すでに「小さな政府」だったのだが、竹中氏はこの説が財政赤字問題から考えてもナンセンスであることを、民営化から五年後に自ら指摘してしまった。

「今や「大きな政府か、小さな政府か」という議論はナンセンスである。これだけ巨額の財政赤字を解消するためには、少なくともある程度の国民負担増にならざるを得ない。つまり「大きな政府か、非常に大きな政府か」の選択しか、国民には残されていない*11」

▼安倍首相がオバマに「売ってきた」もの

このような「理屈を一から作る」ことは、今回のTPP問題においても大小の違いこそあれ盛んに行われてきた。それは郵政民営化と同様、アメリカの圧力に屈する中で、「参加する」という結論ありきで始めた議論だからなのである。

たとえば、安倍晋三首相は、二〇一三年二月下旬の訪米に先立って、オバマ大統領から「聖域なき関税撤廃」を目指すのかどうか「感触」を得ると述べたものだった。しかし、貿易だけで成立しているシンガポールのような都市国家でもなければ「聖域なき関税撤廃」など不可能であり、他でもないアメリカこそ「聖域なき関税撤廃」を望んでいなかった。

アメリカはすでにオーストラリアとの米豪FTAにおいて砂糖を例外品目としたが、TPPにおいてもこれを前提とすると宣言していた。また、ニュージーランドからの乳製品も、断固として例外品目とすることを目指している。

また、アメリカは典型的な農業保護国で、間接補助金と高関税で保護してきた砂糖以外にも、タバコ関税三五〇%、落花生一六三・八%、ピーナツバター一三一・八%など高関税品目が多くある。さらに、履物三七・五%、ガラス製品は最高で三八%、衣料品も最高で三二%、トラック二五%など多くの分野で高関税を維持してきた。

しかも、オバマ大統領は政治献金が多いとおぼしきスポーツ・シューズ・メーカー「ニュー・バランス」に配慮して、履物の例外品目扱いを言い出し、「ウォール・ストリート・ジャーナル」に「ダブルスタンダード」と批判されたほどだ。*[12]

安倍首相がオバマ大統領に「米国はTPPで聖域なき関税撤廃を考えていますか」と聞けば、オバマ大統領は「交渉の前提ではあっても、妥結の前提ではない」と答えるに決まっていた。それをTPP参加の条件としたというのは事実上の参加表明であり、何とも拙劣なトリックで国民を欺こうとしたものだ。

帰国後、安倍首相は同年三月一五日にTPPへの参加を正式に表明したが、その後、国会の質問に答えて繰り返し「国民皆保険は守る」と言い、そしてまた「国柄を守る」とあまり意味のない答弁を繰り返した。しかし、安倍首相が訪米の際にオバマ大統領に何を「売ってきた」かは、参加の正式表明以前にその一部が明らかになってしまった。

民主党の前原誠司衆院議員は、同三月一一日に衆議院予算委員会でTPPについて安倍首相に質問したが、そのときこんなことを述べたのである。

「前原氏は、米政府が野田政権当時の日本政府に、TPPの事前協議で①米国が輸入乗用車に2・5%、トラックに25%を課している関税撤廃に猶予期間を設ける②米国の安全基準を満たした車は日本の安全審査なしとする輸入枠を米韓自由貿易協定（FTA）と同様に設ける③かんぽ生命の学資保険の内容変更―を要求したと説明した」[*13]

前原元外相はおそらく安倍首相はこれらの条件を飲んだと推定し、予定されている安倍首相のTPP参加正式表明に泥を塗るために、あえて日米の秘密交渉を暴露したと思われる。しかし、これらの項目は「日米同盟復活宣言」と「コメの例外品目化」のために安倍首相がささげた貢物となった公算が極めて強い。

私がそれでもなお「安い」と思うのは、三番目のかんぽ生命の学資保険の内容変更で、この程度のものならば、すでに述べたがん保険のように、USTRのカトラー代表代理レベルでもよかった。とすれば、首脳会談では「金融サービス」の「保険」において、もっと大きな犠牲が払われたのではないかと考えても間違っていないと思われる。

安倍首相は、TPP参加正式表明を「民主党が三年かかってもできなかったことを三ヵ月で達成した」と誇っているとも言われる。しかし、その誇らしい気分はこれから展開する「金融サービス」をめぐる厳しい交渉において、急速に錆《さ》びて腐食していくのではないだろうか。

註

＊1　榊原英資『日本と世界が震えた日』中央公論新社、二〇〇〇年

＊2　関岡英之『拒否できない日本―アメリカの日本改造が進んでいる』文春新書、二〇〇四年

＊3　Jane Kelsey, (eds.) *No Ordinary Deal ; Unmasking the Trans-Pacific Partnership Agreement*, Bridget Williams Books Ltd., 2010

＊4　http://servicescoalition.org/

＊5　http://csis.org/publication/partnership-recovery-and-stronger-future

＊6　ピーター・ペトリとマイケル・プラマについては、Peter A. Petri, Michael G. Plummer, Fan Zhai, *The Trans-Pacific Partnership and Asia-Pacific Integration: A Quantitative Assessment*, Policy Analyses in International Economics 98, Peterson Institute for International Economics, December 1, 2012

http://www.usitc.gov/research_and_analysis/documents/petri-plummer-zhai%20EWC%20TPP%20WP%20oct11.pdf
http://www.iie.com/publications/pb/pb12-16.pdf

＊7　「ＴＰＰ協定交渉の現状」二〇一三年二月、内閣官房

＊8　「医薬品へのアクセスの拡大のためのＴＰＰ貿易目標」二〇一一年九月一二日米通商代表部（ＵＳＴＲ）公表　公表文書中の個別項目（仮訳）、二〇一一年一一月、外務省

＊9　「サンデー毎日」二〇一二年一月二二日号

＊10　東谷暁『郵政崩壊とＴＰＰ』文春新書、二〇一二年

＊11　竹中平蔵「『枠組み』無き消費税増税は必ず失敗する」「中央公論」二〇一〇年八月号

＊12　Greg Rushford, "Obama's Double Standard on TPP ; The president wants other countries to embrace free trade, while defending tariffs for domestic textiles". *The Wall Street Journal*, May 7, 2012

＊13　「東京新聞」二〇一三年三月一二日付

第五章　ＴＰＰで犠牲になる日本の医療

村上正泰

村上正泰（むらかみ　まさやす）　山形大学大学院医学系研究科医療政策学講座教授
一九七四年、広島県因島市（現尾道市）生まれ。一九九七年東京大学経済学部を卒業後、大蔵省（現財務省）に入省。カリフォルニア大学サンディエゴ校国際関係・環太平洋地域研究大学院留学。在ニューヨーク総領事館副領事、内閣官房地域再生推進室参事官補佐、厚生労働省保険局総務課課長補佐などを経て、二〇〇六年に退官。厚生労働省出向中に医療制度改革に携わった。二〇一〇年より現職。主な著書に『医療崩壊の真犯人』、共著に『高齢者医療難民』（ともにＰＨＰ新書）など。

▼医療はTPPの対象外なのか

世間ではTPPについて、とりわけ農産物の関税をめぐって議論されることが多いけれども、それと同時に、もしくはそれ以上に懸念されるのが、混合診療全面解禁が求められたり、医療機関経営への株式会社参入が進められ、わが国の国民皆保険制度が揺らいでしまうのではないかということである。

このような懸念に対して、USTR（アメリカ通商代表部）のウェンディ・カトラー代表補は二〇一二年三月の東京での講演で、TPPは「日本、またはその他のいかなる国についても、医療保険制度を民営化するよう強要するものではありません」「いわゆる混合診療を含め、公的医療保険制度外の診療を認めるよう求めるものではありません」と説明している。

こうした説明もあってか、TPPに参加してもわが国の国民皆保険制度に影響はないとする楽観論が出てきている。安倍首相も記者会見において、「世界に誇る国民皆保険制度を基礎とした社会保障制度。これらの国柄を私は断固として守ります」と明言している。

だが、これらの発言をもって、医療は完全にTPPの対象外だと断定することができるのだろうか。本当に国民皆保険制度を守ることができると安心していいのだろうか。

結論を先に述べると、仮に国民誰もがいずれかの公的医療保険制度に加入するという大きな枠組みは維持されたとしても、たとえば医薬品や医療機器の価格決定のしくみや知的財産権が見直されるだけでも、わが国の国民皆保険制度はその悪影響を受けることになる。つまり、いかに表面的に言いつくろったところで、医療もＴＰＰの対象となるのだ。

そうした危険性に目をつむり、安心だと決め込むことは、事態の本質を理解していないばかりか、むしろ今後の交渉でアメリカなどにつけ入るすきを与えるだけであり、有害無益以外の何物でもない。

▼形骸化させられる「国民皆保険」

わが国では、国民誰もが何らかの公的医療保険制度に加入することになっている。サラリーマンとその家族は、勤務先の企業で健保組合が組織されていればその健保組合に、そうでなければ協会けんぽに加入する。公務員などは共済組合だ。他方、自営業者や農林漁業者、無職者などの世帯は市町村国民健康保険に加入する。七五歳以上は後期高齢者医療制度に加入する。

このように職域や地域を単位として制度は様々に分立しているものの、すべての国民を公的医療保険制度によってカバーしていることを「国民皆保険」と呼ぶ。わが国では一九六一年に国民皆保険が成立し、五〇年以上にわたり、今日にいたるまで堅持してきている。

国民皆保険制度がわが国の保健医療水準の向上につながり、我々の生活における安心の基盤になっていることは改めて指摘するまでもないだろう。

しかし、すべての国民がカバーされてさえいればいいというものではない。

日本医師会は、三項目の重要課題が守られなければ、世界に誇る国民皆保険とは言えないと指摘している。その三項目とは、次のものである。

①公的な医療給付範囲を将来にわたって維持すること

②混合診療を全面解禁しないこと

③営利企業（株式会社）を医療機関経営に参入させないこと

これらの意味はこれから順次明らかにしていくが、さしあたり明確にしておきたいことは、たとえすべての国民が加入しているとしても、国民の必要とする医療サービスをきちんと給付できなければ、医療保障としての意義が大きく損なわれてしまうということである。

しばしば新自由主義的改革論者によって行われる提案として、風邪などの軽度医療や低額医療について、患者の自己負担を三割からもっと高く引き上げるべきだとか、新たな医療技術などを公的医療保険の対象外とすべきであるといったものがある。どちらにしても、要するに公的医療保険の給付範囲を縮小すべきだという主張である。

それによって医療費を抑制しようという魂胆だが、ただでさえ国際的に見て自己負担割合が高い上に、そんなことをすれば、いくら公的医療保険に加入していても、患者が必要な医療サービスを受けることができなくなってしまう。

すなわち、国民皆保険制度が空洞化してしまうのだ。

これまでわが国は、「必要かつ適切な医療は基本的に保険診療により確保する」という理念を国民皆保険制度の基本に据えてきた。形式上は国民皆保険であっても、この基本理念が損なわれると、加入していても意味のない、似て非なる制度になってしまう。日本医師会が「公的な医療給付範囲を将来にわたって維持すること」を国民皆保険制度の条件にあげているのは、当然のことだと言えよう。

ＴＰＰに参加しても、「各国それぞれの独自の医療保険制度を持っているので、ＴＰＰにおいて統一した制度が議論されることはない」との指摘がある。[*1] それは当たり前のことで、たしかにアメリカなどもわが国の国民皆保険制度自体を廃止するような要求はしてこないだろう。

だが、ＴＰＰをめぐる問題は、制度を完全に統一するかどうかという点にだけあるのではない。たとえ医療保険制度そのものを統一しなくとも、ＴＰＰに盛り込まれた措置によって直接的にせよ間接的にせよ、これまで長年にわたり築き上げてきた国民皆保険制度の基本理念を揺るがせ、その空洞化につながるような事態が生じることが懸念されるのである。

国民皆保険制度が形骸化すれば、所得水準によって医療へのアクセスに格差が生じ、受けられる医療の内容も異なってくる。そうした状況の典型がアメリカであり、アメリカの医療制度の弊害はマイケル・ムーア監督の映画「ＳｉＣＫＯ（シッコ）」などに描かれている通りだが、我々は決してそのような道を歩んではならない。

▼ＴＰＰ参加で想定される悪影響

医療経済・政策学研究の第一人者である日本福祉大学学長の二木立《にきりゅう》氏は、ＴＰＰに参加するとアメリカが何を要求してくるのかという点について、
①現行の医薬品・医療機器の価格規制の撤廃・緩和
②医療特区に限定した株式会社の病院経営と混合診療の原則解禁
③全国レベルでの株式会社の病院経営と混合診療の原則解禁
という三段階に分けて議論している。*2

そのうえで二木氏は、「第一段階の要求は実現する可能性が高いし、第二段階の実現可能性

も長期的には否定できないが、第三段階の実現可能性はごく低い」という判断を示している。

二木氏の言う第一段階、すなわち「現行の医薬品・医療機器の価格規制の撤廃・緩和」の「実現する可能性が高い」という点については、筆者も同感だ。

実際、二〇一一年九月にUSTRが公表した「医薬品へのアクセスの拡大のためのTPP貿易目標」の中においても、「透明性と手続きの公平性の強化」として「ジェネリック医薬品及び革新的医薬品双方がTPP各国の市場に参入する最も公正な機会を確保するため、政府の健康保険払戻制度の運用において透明性と手続きの公平性の基本規範が尊重されることを求める」と明記されている[*3]。

別にそのような見直しがなされようと、国民皆保険制度には関係ないのではないかと思われる人もいるかもしれない。

しかし、これまでもアメリカ政府が要求してきたように、「透明性と手続きの公平性」の名の下に医薬品・医療機器の価格を吊《つ》り上げるような見直しが行われるならば、医療保険財政が大幅に悪化してしまうのは明らかだ。そうなると、医療費抑制のためには、公的医療保険の給付範囲を縮小させなければならないという動きが強まることになる。さらには、医療機関の診療への対価である診療報酬本体を大幅に抑制せざるを得なくなり、地域医療を支える医療機関の経営が困難になっていくだろう。

このように悪影響が広がっていくと、医薬品・医療機器の価格規制の撤廃・緩和が蟻《あり》の一穴となって、国民皆保険制度が空洞化していき、二木氏が「実現可能性はごく低い」としている「全国レベルでの株式会社の病院経営と混合診療の原則解禁」にまで、自然にじわじわと追い込まれていく危険性は決して否定できない。

アメリカは、以前からわが国の医療制度に市場原理を導入することを繰り返し求め、株式会社の参入や混合診療の全面解禁を主張してきた。米国も馬鹿ではないので、それらのハードルが極めて高いことはわかっている。実現困難な要求ばかり掲げていても、なかなか事態は進展しない。であれば、まずは実現しやすいところから手をつけて、将来的に医療への市場原理導入にまでもっていければいいと考えていてもおかしくはない。

▼新薬の高額な価格設定を求めるアメリカ

ここで、医薬品をめぐる問題をもう少し詳しく見ていくことにしよう。なぜなら、医薬品こそTPPによってターゲットになっている主要な分野のひとつであり、薬価の抑制に取り組むわが国の制度の見直しを一貫して求め、新薬の高額な価格設定を目論んでいるアメリカにとっては、狙いどころであるからだ。

わが国では、公的医療保険制度によって支払われる診療報酬や薬価には公定価格が定められている。薬価基準制度の基本的な骨格は次のようになっている。

新規に保険収載される医薬品の価格は、原則として、同じ効能の既存薬と一日当たり薬価を同一にするという類似薬効比較方式で決められ、これに補正加算や外国平均価格調整、規格間調整などが行われる。類似薬がない場合は、原価計算方式がとられる。

他方、既収載品の場合、医薬品は通常、販売促進のための値引きなどにより、医療機関が仕入れる際の取引価格は薬価基準よりも安くなっているが、二年に一度の薬価改定のたびに、市場実勢価格との薬価差を縮小していくしくみになっている。具体的には、それぞれの市場実勢価格の加重平均値に二%を上乗せした価格になる。

最近の薬価改定率の推移を見ると、二〇〇八年度は薬価ベースで五・二%(国民医療費ベースで一・一%)、二〇一〇年度は五・七五%(同一・二三%)、二〇一二年度は六・〇%(同一・二六%)と引き下げられてきている。このように薬価改定のたびに薬価の引き下げが行われ、さらには後発医薬品(ジェネリック医薬品)の使用促進なども進められているが、わが国の薬剤費の比率は依然として高い水準にある。

厚生労働省が発表する薬剤費比率は一九九三年には二八・五%であったが、その後、一九九九年には一九・六%と二〇%を下回るなど、逓減《ていげん》傾向をたどってきた。しかし、二〇〇九年度は二二・三%となっており、近年の薬剤費比率は二〇%台前半で高止まりしている。

話が少し逸れるが、この薬剤費比率は統計上、不透明な数字になっている。近年、入院では医薬品などをいくら使っても一日当たりの入院代が定額の、包括支払方式のベッド数が大幅に増えている。しかし、薬剤費比率を計算するときに、分母の医療費には包括支払分も含まれている一方、分子には包括支払分が含まれていないのだ。厚生労働省は、包括支払分の薬剤費の推計を行い、それを合計すると薬剤費比率が二三・六%になるという試算を示した。つまり、それは実際の薬剤費比率は公表されている統計よりもっと高いということだ。

さらに、「社会医療診療行為別調査」にもとづき、分母、分子ともに包括支払分を除外した医科と薬局調剤の合計に対する薬剤費の比率を計算すると、二〇〇四年度の二七・五%から二〇〇九年度には三三・二%、二〇一〇年度には三三・〇%と三割を超える水準に上昇している。

こうした状況からすると、わが国では薬剤費比率が高く、医療費全体の配分を考えたときに、薬剤費比率の是正が必要であることは明らかだろう。

このように薬剤費比率が高くなっている背景には、抗がん剤などを中心として、高額な新薬が続々と登場していることがある。また、イノベーションを評価するため、新薬の価格算定上、補正加算などが継続して引き上げられてきたことや、二〇一〇年度からは、海外で承認されている医薬品が日本国内では使えないという、いわゆる「ドラッグ・ラグ」を解消する目的で、新薬創出・適応外薬解消等促進加算も試行的に導入されていることもある。

　もちろん、医薬品産業のイノベーションは薬価でも評価していく必要がある。これからの経済成長戦略の柱のひとつにもなっている。しかし、臨床上の効果が限定的でありながら高額な新薬が出ているというのも事実だ。製薬企業からは開発費用が多額にのぼるということが言われるが、本来的に医薬品の価値はその効果で評価すべきものであって、それらの高額な薬価は是正されなければならない。

　こうした状況に政府も手をこまねいてきたわけではなく、これまでも薬価を引き下げるための措置は講じられてきた。

　たとえば、当初の予想販売額を大幅に超えて販売された場合に、その医薬品の薬価を引き下げるという、市場拡大再算定というしくみが導入されている。また、外国平均価格調整により、外国平均価格の〇・七五倍を下回る場合には引き上げが行われる一方、外国平均価格の一・五倍を上回る場合には引き下げが行われる。これは、海外に比べて高いと言われる薬価の内外価格差を縮小するしくみだ。さらに、価格が高止まりしている長期収載品の追加引き下げなども行われている。

なぜここまで薬価について込み入った説明をしてきたかというと、これらがまさにアメリカ政府がこれまで要求してきたことに深く関係するからだ。

アメリカ政府は、製薬企業からの要望を受けて、現在は試行的導入段階にある新薬創出・適応外薬解消等促進加算を恒久化することや、加算率の上限を廃止すること、さらには市場拡大再算定を廃止もしくは少なくとも改正することや、わが国における価格が外国平均価格より高いか低いかにかかわらず、製品が「平等」に扱われるよう外国平均価格調整のルールを改定することなどを強く求めてきた。つまり、アメリカ政府や製薬企業の大きな関心は、いかにしてわが国で高額な薬価を確保するか、その障害となっているわが国の薬価基準制度をいかに見直させるか、というところにあるのだ。

▼TPP参加による薬価高騰の危険性

すでに指摘した通り、アメリカ政府は、医薬品について「政府の健康保険払戻制度の運用において透明性と手続きの公平性の基本規範が尊重されることを求める」と「医薬品へのアクセスの拡大のためのTPP貿易目標」で明確に宣言している。

これまで見てきたわが国の薬価基準制度は、アメリカからすれば不透明で不公平なものということになる。同じ文書の中で「不要な規制障壁の最小化」ということも掲げられているが、アメリカの製薬企業に不利益をもたらしているという理由から、薬価基準制度は不要な規制障壁であるということにもなりかねない。実際にアメリカ政府はこれまでそのように主張し続けてきたわけだ。

高額な薬価での販売を狙うアメリカ政府や製薬企業の思惑と、薬価を抑制しなければならないというわが国の国内政策上の要請とは、まったく相容《あいい》れない。このことは、ここまで医薬品について述べてきたが、医療機器についても同様だ。

こうしたアメリカ政府の主張はTPPで強まりこそすれ、弱まることはないだろう。実際、アメリカ政府はTPP交渉に関連して、医薬品規制の見直しについては「譲歩しない構え」だと報じられている。[*4] アメリカ政府と同様の主張はわが国の製薬企業も行っており、アメリカ政府の主張が実現した場合、外資系の製薬企業だけではなく内資系の製薬企業でもメリットを受ける企業が出てくるが、新薬創出・適応外薬解消等促進加算の恩恵が外資系に偏っていることにも見られるように、圧倒的に外資系のほうに有利に働くだろう。

わが国で、医薬品や医療機器の価格を決めているのは、中央社会保険医療協議会（中医協）という組織である。中医協の委員は、支払側委員、診療側委員、公益委員の三者構成になっており、医薬品や医療機器のメーカーの代表は専門委員として参加している。中医協には、薬価専門部会、保険医療材料専門部会という部会も設けられている。現在、アメリカ企業の日本法人からも専門委員として参加している人は一名だけいるが、中医協の決め方が不透明でおかしいと言って、中医協の機能や委員構成の見直し、決定プロセスへのさらなる参画を求めてくるといった可能性も考えられよう。

このように、「透明性と手続きの公平性の強化」とか「不要な規制障壁の最小化」を名目にして、アメリカは医薬品や医療機器の売り上げ拡大を狙ってくると想定される。これは空想上の話なのではなく、これまでもアメリカはそのように要求してきたし、他国がアメリカと締結したFTAの事例から考えても、十分に起こり得る事態なのである。

たとえば、オーストラリアは医薬品給付制度（PBS）という制度の下で薬価を低く抑えてきたが、こうしたオーストラリアの薬価制度がアメリカの製薬企業の利益を妨げているとして米国研究製薬工業協会（PhRMA）から槍玉《やりだま》にあげられていた。

米豪FTAでは医薬品についての付属書が取り決められたが、その一回目の作業部会は二〇〇六年一月に開催された。その後、二〇〇七年八月にはオーストラリアでは薬価制度の見直しが行われている。

医薬品給付制度の根幹は守られたとオーストラリア政府は述べているけれども、医薬品の代替性のレベルに応じて、代替性のない新薬である「F1」とジェネリック医薬品などの代替可能な医薬品のある「F2」という二種類のカテゴリーに区分されることになり、F1の医薬品は価格が高騰することになった。*5

また、米韓FTAでは、アメリカの製薬企業が韓国政府の決めた価格に不満な場合、政府から独立した医薬品・医療機器委員会に異議の申し立てが可能なしくみになっている。アメリカの製薬企業はわが国の中医協の薬価決定プロセスに大きな不満を抱いているが、もし医薬品・医療機器委員会と同じようなしくみが導入されたり、ISD条項によって日本政府に対する訴えを起こすようになれば、中医協での正当な手続きにもとづいた薬価決定に口をはさむことができるようになるかもしれない。

▼医薬品の知的財産権の保護強化を目指すアメリカ

こうしたアメリカの要求で薬価が吊り上げられるのは、薬価制度だけではなく、知的財産権制度の見直しによっても起こり得る。アメリカの製薬企業は知的財産権の保護強化を一貫して求めている。たとえば、アメリカが締結しているFTAにおいては、医薬品分野において許可特許連携制度というしくみが導入されている。

アメリカがカナダ、メキシコ、韓国、オーストラリアと結んでいるFTAでは、ジェネリック医薬品を製造・販売しようとする製薬会社は、政府に市販許可申請をするとともに、新薬の特許権をもっている製薬会社に通報しなければならず、これを受けて特許権を侵害したと訴訟を起こされた場合、訴訟の結論が出た時点ではなく、その訴訟が開始された時点で、自動的に医薬品を一定期間（通常三〇ヵ月）販売できなくなってしまうというのだ。

そして、新規用途や製剤の形態の変更などの後続特許で特許の延長を図る「エバーグリーニング」も行われ、ひとつの医薬品に二〇〇〇種類ぐらいの特許が掛かり、それらすべてに許可特許連携制度を適用する「特許爆弾」と呼ばれる戦略が製薬企業によって進められているという。[*6]

このような状況では、安価なジェネリック医薬品などの使用は困難になり、薬価が高止まりしてしまう。その弊害は、とりわけ新興国を中心として、懸念されているところだ。

知的財産権の保護強化はＴＰＰでも柱のひとつになっている。アメリカ政府は臨床データの独占権強化なども含めて提案している模様で、各国と議論の争点になっていると報じられている。わが国には臨床データの排他的独占権は存在しないが、医薬品の再審査期間（原則八年間）が実質的に臨床データを保護する期間となっている。これに対して、アメリカでは五年間の排他的独占権が設定されているが、米国研究製薬工業協会はバイオシミラーと呼ばれる医薬品で一二年間に延長するように主張していると言われている。臨床データのアクセスが制限されると、安価な医薬品の製造が困難になる。

どのような措置が盛り込まれるにせよ、アメリカの製薬企業はわが国でもさらなるシェア拡大を目指しており、知的財産権の保護強化はまさにそのための重要な戦略となるのだ。

ここでは医薬品を中心に話を進めてきたけれども、アメリカでは手術方法、治療方法、診断方法までもが特許権の対象になっている。万が一、わが国でもそれらが特許権の対象となるならば、医療現場に大きな混乱をもたらすことさえ懸念されよう。

▼いわゆる「混合診療」全面解禁の問題点とアメリカの狙い

ここまで論じてきたように、ＴＰＰ参加によって医薬品や医療機器の価格上昇圧力が高まる可能性は極めて強い。医療費の財源をどう賄っていくのかというのが、ただでさえ問題となっている中で、薬価などが高騰していけば、医療保険財政がさらに悪化することは確実で、その影響は深刻だ。TPPに参加しても医療保険制度は無関係だというのは、詭弁《きべん》に過ぎない。

医療保険財政がさらに悪化していけば、たとえTPPで混合診療全面解禁自体が求められなくとも、保険給付範囲を縮小しなければならないという話が出てきて、混合診療を全面解禁すべきだ、という議論にまで発展しかねない。

混合診療の全面解禁は、以前からアメリカが要求し続けてきたことである。なぜなら、民間保険会社が日本市場に参入する上で国民皆保険制度は邪魔な存在であり、混合診療全面解禁によって自由診療が広がっていったほうが、売上を拡大できる余地が増えるからだ。そこで、次に混合診療全面解禁の問題点を見ていくことにしよう。

わが国の医療保険制度においては、有効性や安全性の確認されていない技術が保険診療と併用されることにつながることや、患者負担の無制限の増大を招く可能性があることなどから、保険診療と保険外診療の組み合わせ（いわゆる「混合診療」）は、原則として禁止されている。このため、保険診療と保険外診療を併用した場合には、保険診療分も含めてまったく保険が適用されなくなり、全額自己負担となる。

原則禁止だと述べたが、現行制度においても混合診療がまったく認められていないわけではない。保険外併用療養費制度という一定のルールの下に、保険診療と保険外診療との併用が認められるしくみになっている。

以前は特定療養費制度と呼ばれていたが、二〇〇六年の法改正により、評価療養と選定療養からなる保険外併用療養費制度に再編された。公的医療保険が適用されない先進医療でも、評価療養として認められれば、先進医療はもちろん自己負担だが、保険診療との併用は可能になるのだ。

しばしば混合診療を解禁すべきだという議論が行われるが、このように一定のルールの下で認められていることは正確に理解する必要がある。そして、仮にもっと併用できる先進医療を増やす必要があるということであれば、評価療養の適用を迅速に行えるように運用を改善すればいいだけなのだ。

ここで注意が必要なのは、評価療養のしくみと混合診療全面解禁とは、似て非なるものであるということだ。保険外併用療養費制度の評価療養は、単に併用を認めるというだけではなく、あくまで「将来的な保険導入のための評価」を行うためのものだ。これに対して、混合診療全面解禁を声高に主張する人たちには、混合診療全面解禁と同時に公的保険給付範囲の縮小を唱えている人が多い。

つまり、ほとんどの混合診療全面解禁論者は、混合診療原則禁止のままでは全額自己負担になって患者の医療費負担が過大になると言って、一見したところ患者の味方のように振る舞っていながら、その実態は、公的保険給付範囲の縮小を前提にして、保険外診療がどんどん増えていってもいいように混合診療の全面解禁を主張しているに過ぎない。でなければ、財政窮迫を理由に混合診療の全面解禁を主張する理由などないからだ。

そのような形で混合診療を全面解禁すれば、患者負担はむしろ現状よりも増大することになり、患者の所得水準によって受けられる医療が変わってしまうことになる。そうならないように、一定のルールの下で保険診療と保険外診療の併用を認め、保険導入すべきと判断されたものは保険導入するという道筋を描いているのが現行の保険外併用療養費制度であり、逆に混合診療の全面解禁は公的保険給付範囲の縮小につながっていく。

その結果として、わが国の国民皆保険制度は空洞化し、そこに民間保険の拡大を狙うアメリカ側の利益も生まれてくるのだ。

たとえTPPの枠組み自体でないとしても、アメリカ政府が今後とも混合診療の全面解禁を求めてくることには変わりはないであろう。

▼医療機関経営への営利企業参入の弊害

先に日本医師会が国民皆保険制度の重要課題としてあげている三項目を示したが、そのうち「公的な医療給付範囲を将来にわたって維持すること」と「混合診療を全面解禁しないこと」がもつ意味の重要性は理解していただけただろう。

それでは、「営利企業（株式会社）を医療機関経営に参入させないこと」についてはどうだろうか。

わが国では、医療法の規定により、営利を目的とした病院、診療所の開設は制限されており、医療法人は剰余金の配当も禁止されている。つまり、保険料や税金を原資とした診療報酬から生まれる医療法人の利益は、すべて医療の再生産費用に充てられることになっているのである。

このような規制が設けられているのは、株式会社は株主への配当が必要であるため、それを医業収益で確保するには、無理な利益追求に走り、医療費が高騰するリスクが高くなるし、不採算部門や不採算地域から撤退したり、利益最大化を目的として地域の医療提供体制を歪めてしまいやすいからである。

さらに、混合診療の全面解禁との関係で言えば、こうした株式会社は、診療報酬が公定価格で抑えられている保険診療に対する関心は低く、混合診療の全面解禁を求め、自由診療で利益を確保しようとするであろう。つまり、混合診療の全面解禁と株式会社の参入とは密接に関連したセットの問題なのだ。

アメリカ政府は、わが国において株式会社が医療機関経営に参入できないことを以前から問題視し、医療市場を開放し、営利法人による病院経営を認めるよう要求し続けてきたのである。それは現在でもまったく変わらない。

わが国の国内でも、小泉政権以来、構造改革特区制度を活用して、地域限定で株式会社参入や混合診療を認めるべきであるといった提案が出ている。民主党政権下でも総合特区制度が創設され、経済成長戦略の一環で特区の活用ということが進められ、総合特区の申請でも、同様の提案が出てきている。

韓国では、二〇〇三年から経済自由区域における規制緩和を推進してきた。韓国でも営利病院は禁止されているが、仁川《インチョン》、釜山《プサン》・鎮海《チネ》など六つの経済自由区域と済州島《チェジュ》では、営利病院の運営が例外的に認められている。実際に韓国資本はもちろん、アメリカ資本による病院も建設されているが、そこでの医療費は極めて高額だ。

混合診療の原則禁止にしろ、株式会社の医療機関経営への参入禁止にしろ、特区に限定しているからといって緩和できるものではない。制度の根幹に関わる問題であるし、その地域の住民に大きな不利益をもたらしかねない。これまでのところ、厚生労働省が強く反対しており、これらの提案は特区でも実現していないが、ＴＰＰがその後押しをする危険性は否定できない。

混合診療の全面解禁や株式会社の医療機関経営参入を認めると、二木立氏の言う「新自由主義的医療改革の本質的ジレンマ」が発生する。[*7]二木氏によると、新自由主義的医療改革によって「企業の市場は拡大する反面、医療費（総医療費と公的医療費の両方）が急増し、医療費抑制という『国是』に反する」ことを指して、「新自由主義的医療改革の本質的ジレンマ」と呼んでいる。

二木氏は、高所得国における医療改革の経験と医療経済学の実証研究から、以下の三点が確認されていると極めて鋭く指摘している。

①営利病院は非営利病院に比べて総医療費を増加させ、しかも医療の質が低い

②混合診療を全面解禁するためには、私的医療保険を普及させることが不可欠だが、私的医療保険は医療利用を誘発し、公的医療費・総医療費が増加する

③保険者機能の強化により医療保険の事務管理費は増加する

その上で二木氏は、厚生労働省が新自由主義的医療改革に反対する理由を、この「新自由主

義的医療改革の本質的ジレンマ」に求めている。

日本国内からも、混合診療の全面解禁や株式会社の医療機関経営参入を推進しようとする声があるけれども、二木氏も指摘する通り、「新自由主義派の官僚（内閣府や経済産業省に多い）や研究者は、このような国際的常識を知らず、市場メカニズムの導入により医療費（最低限、医療価格）を引き下げることが可能と単純素朴に考えて」おり、その程度の認識でアメリカからの医療への市場原理導入要求に乗っかってしまっているのだから、質《たち》が悪いという他ない。

▼新自由主義的医療改革の推進者がＴＰＰ参加も支持

ＴＰＰへの参加が医療にどのような影響をもたらすのかについては、これまで指摘してきた論点以外にも、様々な問題点が想定されるが、結局のところ、ＴＰＰへの参加を積極的に推進している人たちの多くは、こうしたＴＰＰのデメリットをデメリットとさえ思っていないというところに大きな問題がある。

たとえば、国内において、ＴＰＰ推進論者と混合診療全面解禁論者はほぼ一致する。彼らの多くはＴＰＰ参加問題が議論になる前から、すなわちＴＰＰとは無関係に、混合診療を全面解禁すべきだと主張してきた過去がある。したがって、ＴＰＰに参加して混合診療の全面解禁につながるような事態が起きたところで、問題だと感じないばかりか、むしろ歓迎さえするのではないだろうか。

先述したが、カトラーUSTR代表補が述べているように、混合診療全面解禁自体がTPPの対象とはならないとしても、医薬品・医療機器の価格規制の見直しなどで医療保険財政が悪化したときに、保険給付範囲の縮小や混合診療の全面解禁を率先して声高に主張しはじめるのは、新自由主義的医療改革を唱えてきた彼らなのである。

元経済財政担当大臣である政策研究大学院大学教授の大田弘子氏は、薬価について「たしかに公的保険に採用される新薬の値段について、オーストラリアでは、アメリカとのFTAを受けて代替性があって複数ブランドの薬の薬価は引き下げの道を開きました。これは決して悪い改革ではないし、オーストラリアの中にも評価する意見があります」などと述べている。[*8]

けれども、すでに説明したように、オーストラリアではむしろ「F1」に分類される代替性のないブランド薬の薬価上昇が問題になっているのだ。それでもなお「悪い改革ではない」と言うのだとしたら、大田氏は以前からの医療費抑制の主張とどのように両立させるのだろうか。

おそらく大田氏は、抑制すべきは公的医療保険による給付費であって、保険給付範囲を縮小し、混合診療を全面解禁すれば、それでいいと思っているのだろう。内閣府政策統括官のとき、そしてその後の経済財政担当大臣のときにも、そのような主張を繰り返してきたからだ。こうした主張がいかにおかしいかは、先に引用した二木立氏の指摘の通りだが、実は、筆者も国会議員などといろいろ議論する機会に、保険給付範囲の縮小や混合診療の全面解禁を支持する人たちが増えていることに驚かされる。

その象徴が日本維新の会などの主張であるが、実はこうした議論につながりかねないような、方向性を同じくした政策の種がすでにいたるところにまかれつつある。その意味で言えば、問われるべきはＴＰＰだけではなく、そうした新自由主義的な構造改革を相も変わらず主張している人たちであるとも言えよう。

たとえば、社会保障・税一体改革において成立した法律に社会保障制度改革推進法がある。その中には、医療保険制度について「保険給付の対象となる療養の範囲の適正化等を図る」と記されている。「適正化」とは「削減」や「縮小」を意味するとされている。つまり、公的医療保険による給付範囲を縮小させるということが法律上で明記されてしまっているのだ。

構造改革論議がゾンビのように甦《よみがえ》り、小泉政権期のように、いや当時にも増して政策立案上の影響力をもちつつある。第二次安倍政権になって、復活した経済財政諮問会議には東京大学教授の伊藤元重氏や日本総合研究所理事長の高橋進氏が民間議員として入り、規制改革会議では大田弘子氏が議長代理を務めており、安倍首相は「規制改革は安倍内閣の一丁目一番地」と述べ、医療・介護などの規制緩和が議論されている。

また、新設された産業競争力会議には、小泉政権で経済財政担当大臣などを務めた慶應義塾大学教授の竹中平蔵氏までもが入っている。その産業競争力会議では、現に風邪については、患者の自己負担を七割にすべきだといった乱暴な提案が行われている。

安倍首相の掲げる「三本の矢」の成長戦略は、とりわけ医療の世界から見て、危うい要素が多い。ここで名前をあげたような人たちは、医療保険財政の窮迫を理由に、公的医療保険制度による給付には限度があるとして、それを抑制する一方で、保険外の医療費を増加させ、営利企業も参入可能な市場の拡大やイノベーションの推進を主張している。

たとえ混合診療を全面解禁したところで、経済波及効果はおおよそ期待外れに終わるのは確実だが、イノベーションが必要だからといって、国民皆保険制度の土台を破壊し、所得による医療格差を拡大させることは許されざることであり、社会全体を不安定化させるだけだ。

しかしながら、こうした主張がＴＰＰへの参加と歩調を合わせ、一体的に進められていくならば、わが国の医療制度は危機的な状況に陥るだろう。もちろん、これからのいっそうの高齢化の進展を視野に入れ、医療制度を改革することが不可欠なのは事実である。しかしながら、それは国民皆保険制度を崩壊させるような改革では決してない。

ＴＰＰによる問題点を指摘するのが目的であるため、医療政策のことを全体的に論じることはできなかったが、今後、医療・介護費は必然的に増えていかざるを得ない。もちろん医療費の使い道として見直していかなければならない領域があるのはたしかだが、社会保障・税一体改革の議論の過程においても示された通り、医療の効率化や質の向上を図っていった場合、現状のままの場合よりも将来の医療・介護費は増加する見込みとなっている。といっても、青天井に増加するわけではない。そこで問われるべきは、それを国民の間で負担能力に応じた形で、どのように分担し合い、制度の持続性と安定性を確保していくかということだ。

繰り返し指摘してきたように、ＴＰＰに参加するとなると、たとえ医薬品・医療機器の価格規制の見直しだけであっても、医療保険財政への影響は大きい。仮にそれ以外にまで広がっていけば、事態はもっと懸念される。

そのような危険な道を歩むのではなく、世界に誇る国民皆保険制度をしっかりと堅持していくための方策を着実に講じていくことこそが、日本の医療には求められているのである。

註

＊1　原田泰、東京財団『ＴＰＰでさらに強くなる日本』ＰＨＰ研究所、二〇一三年

＊2　二木立『ＴＰＰと医療の産業化』勁草書房、二〇一二年

＊3　邦訳は外務省仮訳による。

＊4　「混合診療はＴＰＰで対象外　米政府、日本に非公式伝達」共同通信、二〇一二年一月二三日配信。

＊5　ジェーン・ケルシー編著『異常な契約―ＴＰＰの仮面を剝ぐ』環太平洋経済問題研究会、株式会社農林中金総合研究所ほか訳、社団法人農村漁村文化協会、二〇一一年

＊6　『「米韓ＦＴＡと韓国医療等」調査団報告書』日本文化厚生農業協同組合連合会、二〇一二年

＊7　二木立『医療改革と財源選択』勁草書房、二〇〇九年

＊8　文藝春秋編『アベノミクス大論争』文藝春秋、二〇一三年

第六章　日本の良さと強みを破壊するＴＰＰ

施　光恒

施 光恒（せ てるひさ）九州大学大学院比較社会文化研究院准教授
一九七一年、福岡県生まれ。慶應義塾大学法学部卒。英国シェフィールド大学大学院政治学研究科哲学修士（M. Phil）課程修了。優等哲学修士（Master of Philosophy with Distinction）。慶應義塾大学大学院法学研究科博士課程修了。専門は政治学・政治理論。著書に『リベラリズムの再生―可謬主義による政治理論』（慶應義塾大学出版会）、共著に『ナショナリズムの政治学―規範理論への誘い』（施光恒・黒宮一太編・ナカニシヤ出版）など多数。

▼「ボーダレス化＝進歩」は誤りだ！

他章の議論で明らかだが、ＴＰＰ賛成派の議論は破綻している。しかしなぜ、ＴＰＰ賛成派の声が大きいのか。

ＴＰＰ交渉参加の是非を問う世論調査でも、賛成が六三％、反対が二四・七％だった（二〇一三年二月の共同通信社の調査）。この調査での賛成派の第一の理由は、「貿易自由化は世界の流れで、日本にとっても不可欠だから」というものであり、賛成理由のうちの五九・二％を占めた。

政界や論壇での賛成派の議論にもこの種のものが多い。ＴＰＰのメリットとデメリットを冷静に比較した上で、メリットのほうが大きいからという理由で主張されているわけではないようだ。

ＴＰＰに賛成の立場をとる人々の見解のうち、最もふつうなのは次のようなものだろう。

「ボーダレス化・グローバル化こそ、時代の流れ（趨勢）である。世界の潮流から取り残されてはならない。ボーダレス化の流れを環太平洋地域において形づくるＴＰＰにも積極的に参加しなければならない」

つまり、「ボーダレス化こそ必然的な時代の流れ」とする一種の宿命論が根底にあるのだ。図式的に表せば、次のような「時代の流れ」の見方である。

村落共同体→国民国家→地域統合体→世界政府（グローバル市場、グローバル統治）

この見方では、人間社会の進歩とは、「土着から普遍へ」という一方通行的な過程、つまり、各地の小さな土着の社会が、世界を包含する普遍的な政治的・社会的枠組みに統合されていく過程だと理解する。

そして現在は、「国民国家」から「地域統合体」（ＥＵや東アジア共同体のようなもの）へといたる過程だと見る。ＴＰＰも、経済的な意味で環太平洋地域を統合するものだから、ＴＰＰに加入するのは「時代の流れ」に乗ることに他ならないと考えるのだ。

このような一種の宿命論的な「ボーダレス史観」が当然のものとして共有されているので、ＴＰＰ反対派がいかに具体的かつ精緻な議論を展開したとしても、「バスに乗り遅れるな」という粗雑なＴＰＰ賛成派の声が大きくなってしまうのだろう。

▼近代化のもうひとつの見方

しかし実は、「ボーダレス化＝進歩」という見方は必ずしも正しくない。時代の進歩とは「土着から普遍へ」と向かう一方通行的過程であるというのは非常に一面的な見方である。

西欧の近代社会の成立の例を取り上げて、これを指摘してみたい。西欧における近代社会の成立は言うまでもなく人類の進歩の大きな一歩であり、「時代の流れ」を大きく進めたものだった。

だが、西欧の近代化は、「土着から普遍へ」という一方通行的な過程では描けない。むしろ逆方向、つまり「普遍から土着へ」とでも言うべき過程が見出せる。

たとえば、西欧の近代化の起点となったいわゆる宗教改革だが、ここでは聖書の翻訳が大きな出来事だった。中世の欧州では、ラテン語が普遍的な言葉だと認識されていた。貴族や聖職者などの特権階級は、公式の言語としてラテン語を用いていた。聖書はラテン語で書かれ、教会の儀式もラテン語で行われた。学問もラテン語で記述された。

ルターやティンダルらの宗教改革者はこれを変えた。聖書を、地域の言葉、つまり庶民が日常生活の場で用いていた言葉（土着語）に翻訳した。現在のドイツ語や英語のもととなった言葉に訳したのである。翻訳によって、各地域の一般庶民が、聖職者や教会を介さずに直接、聖書の言葉や神学的知識に触れられるようになった。

宗教と同様のことが、哲学の世界でも生じている。中世の哲学の多くはラテン語で記述された。しかし近代にいたると、哲学は庶民の日常生活の言葉で書かれ、論じられるようになる。

近代哲学の幕開けを告げたとされる「我思う、ゆえに我あり」で著名なデカルトの『方法序説』は、フランス語で書かれた最初の哲学書だと言われている。デカルト以降、近代の哲学は、ラテン語ではなく各地域の土着語で書かれるようになった。ヴォルテールはフランス語、ホッブズは英語、カントはドイツ語でそれぞれ自分の哲学を展開したのだ。

このような動きの中で各地域の土着語には、新しい語彙がつくられ、それまで表せなかった概念や思想が表現できるようになった。普遍語とされたラテン語の語彙や概念を翻訳し、土着語は豊かになった。洗練された知的思考や対話が可能な言語となっていったのである。

同時に、従来、特権的な支配者層が独占していた神学や哲学、科学などの高等な知が、ラテン語がわからなかった一般庶民にまで広く共有されるようになった。各国の庶民の知的世界は格段に広がった。高等な知がこのような形であまねく共有されていく流れこそ、近代社会の成立の大きな要因だったのだ。[*1]

哲学者の長谷川三千子氏は、この点についてさらに踏み込んだ指摘を行っている。[*2]デカルトなどの啓蒙の哲学者の行った翻訳とは、単に外来の語彙や概念を土着の文脈に移してくるだけではない。翻訳作業とは、翻訳される言語と翻訳先の言語との間で綿密な概念の検討が行われ、双方とも厳しい知的吟味にさらされる過程である。長谷川氏は、翻訳先の言語の文化は、翻訳元の文化との言わば知的対決を行うことになり、その中で自己認識を獲得し、深め、活性化されていくと指摘する。つまり外来の語彙や概念が触媒となり、土着の文脈が活性化され、発展し、多様化していくのだ。

▼日本語による近代化の意義

明治日本の近代化の過程にも西欧の近代化と類似の過程が見てとれる。明治初期の日本では、「普遍的文明」だと思われた欧米からの多様な新しい知を、日本語に訳し、土着の文化、つまり日本文化の中に位置づけていった。その過程で、多くの一般庶民が多様な新しい知に格差なくアクセスできる社会空間が生じた。このことが日本の近代社会の始まりを告げたと考えることができる。

明治の日本は、外来の知を翻訳し取り入れる路線を無意識に選んだのではない。その利点を考慮した上で意識的に選んだと考えるべきである。

明治初期には、日本の近代化を日本語で行うか、英語で行うかについての論争があった。現在の日本では、ＴＰＰに絡む「平成の開国」路線の一環なのか、「社内公用語」を英語にしようという企業の動きや、授業を英語で行おうとする大学の動向が見られるが、およそ一四〇年前にも英語公用語化論争はあったのである。薩摩出身の有力政治家・森有礼《ありのり》は、近代化を目指す日本の学校教育や、政治制度・社会制度の運用は、英語でなすべきだと論じたのだ。

森有礼のおよそ一四〇年前の英語公用語化の主張は理解できないわけではない。明治初期の日本語は、近代的な国づくりのための語彙が決定的に欠けていたからである。たとえば、「社会」や「近代化」などの語彙も日本語にはなかった。

だが、森有礼の英語公用語化論に対する反論も当然ながら多かった。特に、土佐出身の思想家・馬場辰猪《たつい》の反論は、現在から見ても非常に説得力がある。馬場は、英語による近代化には次のような大きな欠陥があると論じた。[*3]

（一）日本人にとって言語体系がまったく違う英語の学習は、骨が折れる。若者は、英語学習に多くの時間や労力を割かねばならず、他の勉強や仕事が疎かになる。

（二）英語学習には、時間や労力、お金がかかるため、富裕層に有利である。生活に追われる一般庶民が英語を身につけるのは大変難しい。結果的に格差社会化が進む。一般庶民の政治参加や社会参加は難しくなり、一部の恵まれた層しか国や社会の重要問題にかかわれなくなる。

（三）使う言語によって、国民の間に意識の分断が生じてしまう。国民の一体感が育まれなくなる。

馬場は、反面教師として当時のインドに言及する。インドは、英国の植民地だったことから、インドの言葉ではなく、英語での近代化を強いられた。その結果、インドでは、格差社会化が進み、庶民は政治や社会の問題に関心をもたなくなり、国民の一体感も育まれなかった。近代化も頓挫した。

馬場は、結論として次のように述べ、英語ではなく日本語による近代化の推進を訴えた。

「すでにわれわれの掌中にあり、それゆえわれわれすべてが知っているものを豊かで完全なものにすべく務めるほうが、それを捨て去り大きな危険を冒してまったく異質の見知らぬものを採用するよりも望ましい」

日本語や日本の慣習など、これまで多くの日本人がなじんできた日本の社会的・文化的基盤を捨て去ってしまうのではなく、翻訳によって日本語の語彙を増やし、欧米産の観念や制度を自分たちの手で選別し変容させながら、うまく既存の社会的・文化的基盤に組み入れていく。つまり外来の新しい文物・制度を巧みに日本化し、庶民でもなじみやすいものとし、日本の社会や文化を以前よりも豊かで多様なものにしていく。そうした言わば翻訳と土着化を通じた国づくりの手法をとることこそが、結局は、格差社会化を防ぎ、一般庶民まで広く社会参加・政治参加できる社会をつくることとなる。日本の国力の充実につながり、欧米に伍していけるようになる。

馬場辰猪はそのように主張したと解釈できる。明治日本は、幸いにして馬場の主張を結果的に受け入れ、日本の近代化は成功した。

▼ボーダレス化が庶民を社会から排除する

以上のような動向を踏まえると、近代社会の成立のひとつの側面が浮かび上がる。すなわち「普遍」と目されてきた外来の多様な知が、「翻訳」という作業を通じて吟味の上、各社会の既存の文化に合うように変容され受容される。言わば「土着化」される。ここで言う「翻訳」と「土着化」とは、文字通りの言語的翻訳だけでなく、観念や制度、ルール、製品のつくり方など様々な外来の事物を解釈し、自分たちになじみやすいように変容させ、自分たちの社会や文化の中に適切に位置づけていこうとする行為を指す。この「翻訳」、および「土着化」の過程を通じて、既存の社会的・文化的基盤は破壊されずに維持され、同時に各社会は活性化され、多様化していく。また外来の知が、「翻訳」と「土着化」の過程を通じて既存の制度や生活様式、慣習に何らかの形でうまく接合される限り、各社会は、それぞれの知の伝統的蓄積を引き続き用いることもできる。そこでは、多数の一般庶民が、多様な先進の知に大きな格差なくアクセスし、それにもとづいて行動できるようになる。つまり各社会の一般的人々にとってなじみやすく参加しやすい、各々の文化に根差した多様性あふれる新しい社会空間が形成されることとなる。

ごく一部の支配者層しか先進の知に触れることができなかったそれ以前の社会に比べ、このような社会空間をもつにいたったところでは、多数の人々が様々な知に触れ、認識を拡大し、自己の能力を開花させる可能性が高まる。結果的に新しい社会空間には、人々の力が結集し、大きな活力が生み出されることとなる。多数の人々のこの大きな活力こそ、各地に近代社会をもたらす要因となったと理解できる。

したがって、近代化を「土着から普遍へ」と描くのは適切ではない。むしろ「普遍的」でよそよそしい知を、各国の日常生活の言葉に翻訳し、それぞれの生活の文脈に位置づけていく過程、言わば「普遍から複数の土着へ」という過程こそが、近代社会の成立を可能にしたものだと描けるからである。「翻訳」と「土着化」の過程を通じて、それぞれの国の一般庶民がなじみやすく参加しやすい、また活力を発揮しやすい各国独自の社会空間をつくり出す。近代化のカギとはそこにあったと見るべきなのだ。

だとすれば、TPPの背後にある「ボーダレス化こそ時代の必然的流れ」というのはまったく正しくない見方である。ボーダレス化の行き着く先は、たとえばアメリカの「ウォール街を占拠せよ」の抗議運動で主張されたように、ごく一握りの富裕層が一国の富の大部分を手に入れ、残りの圧倒的多数が貧困や不自由にあえぐ格差社会である。各国の圧倒的多数である庶民層が参加しにくい社会をつくり出しつつあるのだ。ボーダレス化は、近代化どころか、むしろ「中世化」への流れ、つまり反動と見るほうが適切と言えそうである。

▼日本の良さや強みを生み出した近代日本の国づくり

現在の日本人の多くが「日本の良さ」と考えるものは、「翻訳」と「土着化」を通じた近代的国づくりをうまく行ったこと、つまり安定した社会的・文化的基盤を維持しつつ、外来の知を主体的かつ選別的に取り入れ、大きな格差なく一般国民まで行き渡らせる国づくりを行ったことから生じているものが非常に多い。

だが、その日本の良さは、TPP加入によって、失われる恐れが大きい。TPPは、言うまでもなく環太平洋地域にボーダレスに統合された市場をつくろうとするものだ。そこには、日本独自の社会的・文化的基盤への配慮もなければ、外来の知を選別的に取り入れ、日本化し、広く日本の一般国民に行き渡るようにするという日本のこれまでの国づくりの手法を認める余地もないのである。

以下では、現在の日本社会の良さや強みだと多くの人が考える事柄をいくつか取り上げ、それがTPP加入後はどのように失われるかを示してみたい。

▼TPPで壊されるもの①——治安の良さ、秩序感覚、連帯意識

多くの日本人は、現在の日本社会の長所として治安の良さをあげるであろう。統計的に見ても、日本の犯罪発生率は諸外国に比べると現在でも非常に低い。また、日本人の秩序感覚や連帯意識の高さをあげる者も多いだろう。たとえば、東日本大震災直後、被災地では暴動や略奪はまったくと言ってよいほど生じず、被災者がともに助け合い、秩序を保っていた。

東京に住むフランス人ジャーナリストのレジス・アルノー氏は、日本の治安の良さや極端に

大きな貧困や格差を生まない社会的連帯意識に驚嘆する記事を最近の雑誌に書いている。

「日本が安全なのは警察のおかげじゃない。では、日本にあってフランスにないものは何だろうか。……日本では経済は低迷しているが深刻な失業問題はなく、貧困もフランスほど過酷ではない。……［日本の］最大の強みは、自分もコミュニティーの一員だという意識の強さだろう。……一億二〇〇〇万人の一人一人が「安全網」をつくり上げている。……この共同体意識は日本の「資産」だ[*4]」

以上のようにアルノー氏は、日本社会の治安の良さ、秩序感覚、大きな格差を認めない平等意識などの源泉を、日本が伝統的な共同体意識をうまく保ったまま、巧みに近代社会をつくり上げたことに求めている。

中国出身の比較法学者の王雲海氏も、日本の安定した秩序の要因を共同体の伝統に求める。[*5]王氏は、日中の社会を比較しつつ、日本の秩序の根底にあるのは「文化」だと述べる。王氏がここで「文化」と称するのは、何ら高尚な意味を含むものではなく、伝統や慣習、常識などの非法律主義的で非権力的なものである。王氏は、他方、中国の秩序を形づくっているのは、むき出しの政治権力だと指摘する。

王氏によれば、日本は、大陸国家である中国と異なり、民族の移動や対立がほとんどなく、定住型の社会を長くつくり、それが保たれてきたため、「文化」にもとづく秩序形成が発達したと解釈する。日本では、大部分の人は地域社会に代々結ばれていて、流動性は低かった。そのため他者との深刻な軋轢を避け、互いに配慮し合い、長期的な信頼を大切にする道徳が発達したと考えるのである。対照的に中国は、人々の流動性や多様性が高く、前述の意味での「文化」が秩序形成力をもたず、政治権力で半ば強引に社会を統合していると見るのだ。

同じように、生態学者の高谷好一氏も、日本人の秩序感覚を育んだのは地縁型の共同体の伝統だという見方を提示している。[*6] 高谷氏は、日本の農村には、現在でも「稲作水利のためのいろいろな共同作業や話し合いがあり……実効力のある自治会活動がある」と指摘する。高谷氏は、日本の素晴らしさは、都会と地方が車の両輪のようになっていることだと述べる。都会が近代的な経済発展を先導し、人を育てる伝統を堅持する地方がそれを支えていると論じるのである。

しかしTPP加入後は、人の移動が高まり、これまで保たれてきた日本の社会的・文化的基盤は揺らぎ、秩序形成原理が変化することが予想される。

TPPでは一応、「単純労働者に関しては交渉の対象外」とされている。しかし少なくとも、商用関係者の移動の自由化促進、および加盟各国での資格の相互承認（看護師・介護士・医師・歯科医師・弁護士・会計士・建築士など）が進められるであろうから、TPP加入後は、人の移動が大幅に増えることが予想される。

流動性の高まりは、日本社会の根本的な秩序形成原理を、王雲海氏の分類で言う「文化型」から「権力型」に移行させる可能性が高い。

加えて、TPPが農業におよぼす影響から、TPP加入後の日本の地域社会の破壊を危惧する声も大きい。TPP加入によってほぼ間違いなく日本の稲作は大打撃を受ける。稲作の崩壊は、日本の地縁型農村社会の崩壊にそのままつながる。日本社会の治安や秩序感覚の源泉である地縁型共同体、またその記憶は損なわれていくだろう。

結局、日本社会の秩序形成原理は内面的な共同体意識に根差すものから、外面的な権力や法によってもたらされるものに大きく変化していく。それにともない、治安の良さや連帯意識の強さも、言わばグローバル標準まで低下するはずである。連帯意識によるところの大きい平等感覚も衰退し、格差社会化を受け入れる素地も整うだろう。

▼TPPで壊されるもの②――「ものづくり」を支える文化的基盤

経済に目を転じれば、多くの人が、日本の良さとして「ものづくり」に秀でているという点をあげるだろう。また、ものづくりを支えるものとして、職人意識、コツコツ努力する勤労倫理、職場の団結心、新しい製品を生み出す創造性などを大切だと考えるだろう。

ものづくりに秀でていることも、日本が長く続く安定的な社会的・文化的基盤を維持しつつ、近代的国づくりを行ってきたことに密接な関係がある。

たとえば、長期的な信頼を大切にする企業文化だ。ものづくりを通じて利益を生み出すには時間がかかる。技術開発の行方、市場の動向、資金や材料の調達など不確定要素も多い。

つまり、ものづくりがさかんになるためには、短期的ではなく長期的な観点から経済的利益を考える風土が必要だ。一例をあげれば、長い時間にわたって協力し合う職場の雰囲気が求められる。あるいは相手を信頼し、数年ないし十年単位で利益を考え、融資を行う金融機関の存在なども必要だろう。日本には、一〇〇年、二〇〇年続く老舗が決してめずらしくないように、信用や信頼を大切にし、長期的観点から経済的利益を考えていく文化的基盤が備わっている。

いや、「備わっていた」と過去形で記すべきかもしれない。こうした職場の雰囲気や長い目で利益を考え融資を行う金融機関、老舗を育む社会的・文化的基盤の存在は、九〇年代半ばからの構造改革以降、徐々に失われてきた。関岡英之氏が明らかにしたように、構造改革の実施には、アメリカからの強い意向が反映していた。[*7] 派遣労働の解禁、会計基準の変更、コーポレート・ガバナンスに影響する商法改正なども行われた。

ＴＰＰは、この種の構造改革の総仕上げになる可能性が高い。グローバル標準の名の下に、日本企業のいっそうのアメリカ化が進み、ものづくりに適した日本の企業文化はさらに失われていく恐れが大きい。

たとえば、労働市場の流動化の名の下に、正社員の地位が不安定化することが予想される。数年前から「日米投資イニシアティブ」などの公式会合の場で、アメリカは日本に正社員の解雇要件の大幅緩和を求めてきた。

アメリカの投資会社は、長期的な視点で利益を考えた日本のかつての金融機関とは大きく異なり、日本企業を買収し、株価を高め、その売却によって短期間のうちに利益をあげたいと考えている。株価をひき上げる最も容易なやり方は、不採算部門の従業員の迅速かつ大規模な首切りである。そのためアメリカは、日本の労働法制を「改革」し、解雇規制を大幅緩和するように要求してきたのである。特に、相応の金銭を支払えば正社員であっても自由に解雇できるようにすべきだと提起してきた。

アメリカの要求に呼応したのか、安倍政権の産業競争力会議でも、その線で議論が進んできた。幸い、二〇一三年四月の報道によれば、七月の参院選前に出される安倍政権下の成長戦略に解雇規制の緩和を加えることは断念されたようである。しかし日本のＴＰＰ参加が決まれば、これまでのアメリカの要求から考えて、解雇規制の大幅緩和が交渉に組み入れられるのはほぼ間違いない。

これが実現してしまえば、ものづくり産業の基盤にあった日本の企業文化はかつての特徴をいっそう失っていくはずである。日本型経営の強みとされた職場の団結心や会社への忠誠心はますます衰退する。いつ首を切られるかわからない職場では、従業員同士の連帯意識など育まれるわけがない。企業に忠誠を誓う社員も望むべくもないのである。

▼TPPで壊されるもの③——良質な中産階級とその創造性

ものづくりにもおおいに関係するが、日本社会の他の良さとして、平均的に知的レベルが高く、創造力に富んだ良質な中産階級の存在を指摘できる。

かつて『ジャパン アズ ナンバーワン』でエズラ・ヴォーゲルは、日本の強みとして、格差が少なく、賢明な庶民が数多くいることをあげた。[*8] たとえばヴォーゲルは、「東京駐在の外国の特派員たちがうらやましがること」として、日本の新聞記者が「記事を書くときにレベルの高い読者を想定して書けること」をあげている。そして「日本の三大新聞の平均的読者は、アメリカ東部の一流紙の読者よりも国際政治に通暁している」というアメリカの有力紙の駐在特派員の声を紹介していた。日本にはインテリ層と庶民層との区別がほとんどなく、庶民もインテリ層と言ってよいほどの知識を有していると述べたのである。これは現在でも大きく変わってはいない。[*9]

加えて、意外に思う人もいるかもしれないが、日本の良さとして、日本人の高い創造性を指摘できる。たとえば二〇一二年の春に、アメリカのソフト企業アドビ社が日・米・英・独・仏の一八歳以上の成人各国一〇〇〇人ずつ計五〇〇〇人に対して行った調査では、最も創造性の高い都市は東京であり、国は日本であるという回答が得られた。[*10] また、英国エコノミスト誌の国際技術革新力指標でも、日本がここ数年トップを占めている。[*11]

良質な中産階級の存在と創造性の高さの双方とも、「翻訳」と「土着化」を通じた近代日本の国づくりの恩恵を被っている。たとえば母語による教育が行き渡っていなかったら、あるいは母語によって様々な情報を得ることができるマスメディアが発達していなかったら、高水準かつ均質な庶民層はつくり得なかった。

創造性の高さの要因を特定するのはそれほど簡単ではないかもしれない。だが、やはり日本語という母語で教育を受け、多様な職業に就ける環境の存在が、高い創造性と密接な関係があることは間違いないだろう。

経営学者の野中郁次郎氏は、暗黙知から明示的な知をつくり出すプロセスの巧みさこそが、かつて一世を風靡した日本の製造業の創造力の源泉であると論じた。*[12] 新しく何か（理論でも、製品でも、あるいはセールスのやり方でも）をつくり出すときは、必ず、新しい「ひらめき」や「カン」「違和感」のような漠然とした感覚（暗黙知）を、試行錯誤的に言語化していくプロセスが求められる。このプロセスを母語以外の言語でやることは、ほぼ不可能である。

TPP加入後は、日本がこれまで誇ってきた、こうした高い知的レベルと創造性を備えた良質な中産階級を生み出す条件は損なわれる恐れが大きい。日本語という母語で教育を受け、多様な職業に就ける環境の存在が失われる可能性が高いからだ。

TPPは、経済の対外依存度を高める。域内の事実上の共通語になる英語が、ビジネスでよりいっそう重視されるようになるのは間違いない。

民間企業だけではない。公共部門の英語化も進むはずである。一例をあげれば、TPPの作業部会の中には「政府調達」（公共事業）が含まれている。現在では、国、および一部の大都市の大規模な公共事業のみ、国内企業と外国企業とを同等に扱う内国民待遇を適用しなければならないが、ＴＰＰでは、これが地方自治体による、より小規模な公共事業にも拡大される可能性がある。地方自治体の職員であっても、英語での仕様書の作成や入札手続の明記が求められるようになるかもしれない。

こうした動きを予想してか、各大学でも、授業の英語化などが議論されている。たとえば京都大学は、二〇一三年度から五年間で一般教養科目の講義の半分を英語で行う方針を決め、山梨大学は、二〇一六年度までに全授業の英語化という方針を決定したと報じられた。

このように日本社会の英語化は、様々な側面で進むはずである。だが英語化が進めば、馬場辰猪が約一四〇年前に懸念したように、英語学習にとられる時間の増大により、それ以外の教育が疎かになったり、経済面のみならず知的側面でも格差が拡大したりするはずだ。結果的に、日本社会の従来の発展を支えてきた知的レベルの高い中産階級は失われる可能性が高い。

創造性も低下していくだろう。前述の通り、母語と創造性には密接なつながりを想定できるからだ。この点について面白い事例がある。アジア政治が専門の北海道大学の中島岳志准教授によると、インドでは、日本とはまったく逆に、近年、大学教育を英語ではなく、インドの言葉でするべきだという議論が高まっているそうである。*13 その背景には、インドの大学教育は大部分英語であるが、それが若者の創造性を奪ってしまっているのではないかと危惧されている事情がある。中島氏によれば、インドの言葉で大学教育を行おうと主張している現地の識者は、次のように発言している。

「長年にわたってインドの諸言語が現代の科学技術的議論から切り離されてきたために、これらの言語は非科学的な考えを表すのにしか向いていないとされてきた。その結果、土着の科学の言葉や伝統は、崩れかかった図書館の虫に食われた分厚い本の中で忘れ去られている」

「このままではインド版アントニ・ガウディは永遠に生まれない。専門教育が英語でしか提供されない環境では、他人のコピーしか作り出せない」

▼TPPで壊されるもの④――多様な人生の選択肢

「翻訳」と「土着化」による近代的国づくりの成功が端的に表れるものとして、日本の貿易依存度の低さがある。戦後ほぼ一貫して日本の輸出依存度や輸入依存度は、どちらも一〇～一八

%程度である。この数値は国際的に見れば極めて低く、たとえば、日本の貿易依存度は、二〇〇九年度は世界一八九ヵ国中一八五位、二〇一〇年度は一八四ヵ国中一七九位に過ぎない（世界銀行統計）。すなわちマスコミが喧伝するところと違って、日本は実は内需大国であり、「貿易立国」ではない。

貿易依存度が低いのは、日本人の国産化能力、つまり一種の「翻訳」と「土着化」の能力の賜物に他ならない。原油などの資源は輸入に頼っているが、それ以外のものは積極的に国産化し、多くの国民が多種多様な産業を担い、自律性の高い経済をつくり出すことに成功してきたのである。

貿易依存度の低さは肯定的に評価すべき点が多い。ひとつは、国内に様々な産業が成立しているため、人々が選べる職業の選択肢が多いという点である。職業の選択肢が多いということは、現代世界では、人生の実質的な選択肢が多いこととほぼ同義と言ってもよいであろう。

国内に成り立っている産業の数が少ない国では、ある職業に就くために国外に行かなければならない場合が生じる。しかし言葉や慣習への適応、あるいは費用の面で、国外で希望の職に就くということは実際には非常に難しい。

貿易依存度が低く国内に多様な産業をかかえ、日本語や日本の慣習の下でたくさんの職業に就ける日本は、多くの人に、格差なく多様な人生の選択肢を提供していると言える。様々な人生の選択肢にアクセスしやすいということは現代日本の誇るべき点のひとつだ。

他にも、貿易依存度が低いことにはメリットがある。たとえば、コントロールしにくい外国の政治や経済の不安定さの影響を受けにくいことである。

だが、ＴＰＰに加入すれば、当然ながら日本の貿易依存度は高まる。貿易依存度が高まれば、経済的自律性の高さから由来するメリットはなくなってしまう。

先に述べた、人生の選択肢の多様性も失われる。ＴＰＰ加入後は、国内で成立する産業の数が減少する。人々が国内で選べる職業の選択肢も減ることになる。つまり、選び得る人生の選択肢の実質的な多様性が損なわれる恐れがある。

ＴＰＰ推進派が好んであげる理由に自由貿易がある。その背後には、リカードの比較生産費説がある。各国は、比較優位な製品に生産を特化し、互いに生産物を貿易したほうが、効率は高まるはずだという理論である。だがこれは、机上の経済理論としては正しいとしても、現実世界では望ましくない。各国の産業構造は、少数の産業に偏り、いびつなものとなる。その結果、人々の人生の実質的選択肢は非常に狭くなってしまう。

理論上では、人間は、国境を越えて自由に移動し、どこでもいきいきと暮らすことのできる存在だと見ることができるのかもしれない。だが現実世界では、人間は、特定の文化を担った存在である。言葉の面からも、慣習や制度の面からも、特定の文化の中にいて初めて十分に機能する存在である。ごく少数の言語的・文化的適応力が特段に優れており、またそれを磨く経済的環境も整っている者であれば、国境を越えて移動し、移動先の人々と互角に競争できる能力をもつことができるかもしれない。だが圧倒的多数の人々は、そのような言語的・文化的適応力をもち合わせておらず、経済的環境にも恵まれていない。

ＴＰＰ加入後の世界では、多様な人生の選択肢を享受できる日本人は、ごく少数の人々だけになってしまうはずだ。大多数の人々は、今よりも選択の自由が実質的にはるかに少ない窮屈な社会で生きていかなければならなくなる。

▼ＴＰＰで日本の閉塞感は加速する

以上をまとめよう。ＴＰＰに呑み込まれる日本は、結局、安定した社会的・文化的基盤を失い、また「翻訳」と「土着化」という従来の国づくりのノウハウも発揮できなくなる。その結果、日本は知的にも経済的にも格差社会化し、国民相互の連帯意識もなくなり、ごくごく一握りの富裕層しか各種の選択の自由を享受できない国となってしまうだろう。

最近の日本には「閉塞感」が漂っているとよく言われる。その閉塞感への処方箋がTPPをはじめとするボーダレス化だと言う者もいる。しかし、事は逆だろう。ボーダレス化の進展や、ボーダレス化が抗うことのできない時代の必然的流れだという思い込みこそが、閉塞感をもたらしていると理解したほうが良いだろう。

なぜなら、本章で見てきたように日本社会の良さや強みは、ボーダレス化となじみにくいところで成り立っているからだ。安定した社会的・文化的基盤を守りつつ、外来の知（外国の文化や思想・制度など）を主体的に選別し取り入れてきたこと、そしてそれを一般国民になじみやすいように土着化（日本化）し、多くの人々が近代化の果実を格差なく享受できるようにしてきたこと、そこにこそ日本の国づくりの良さや強みが見出せるのである。

だがTPPは、安定した社会的・文化的基盤を損ない、また近代的国づくりを支えた巧みな外来の知の受容の手法をとれなくしてしまう。ボーダレス化が宿命であり、TPPも受け入れざるを得ないのであれば、日本社会の悪化は避けられないことになる。日本が日本でなくなってしまうと言ってもよい。閉塞感が広がるのもまさに当然なのだ。

ないと思う。

▼日本人に向かないTPP交渉

TPP交渉の場における日本の交渉力に期待する声も聞かれるが、私は、まったく期待できないと思う。

日本人はそもそも自己主張が不得手である。自己主張という行為よりも、他者の気持ちを言外に察知し、他者の観点から自分自身を批判的に見て自分の行為や感情を修正する行為のほうが尊いと考えてきたからだ。他方、アメリカは、自己主張に価値を置く文化である。アメリカ人は自己の要求を明確に掲げ、他者や周囲の状況を変容させることに自律性の発揮を見る傾向がある。*14

実際、アメリカの多くの人は、「自分たちのルールや制度ややり方こそ、普遍的であり、それを世界に広げるべきだ」とわりと素朴に考えているようだ。あるいはそこまで単純でないとしても、アメリカ人やアメリカ企業の多くは、「自分たちがなじみやすく活動しやすい場を国外に広げてやるぞ！」と戦略的に思考していると言えよう。

そういう相手と対等に交渉するために日本側に必要なのは、安倍首相のように「国益は必ず守る」という、最初から守備的な姿勢ではない。そうではなく、「日本の積み上げてきたルールや制度ややり方こそ、普遍的であり、世界に広げるべきだ」という強い信念である。あるいは、「日本人に有利な環境を、日本国外に何が何でも広げてやるぞ！」という攻撃的な心構えである。たとえば、「日本語を域内の公用語として認めさせてやるぞ！」、あるいは「軽自動車規格を他国にも普及させてみせる！」といった野心をもって交渉に当たる必要がある。

だが、日本人には、このような交渉はおそらくできまい。苦手というだけではなく、TPPのように各々の伝統や風土を考慮せず、単一のルールや制度で多様な地域を覆うという試み自体にあまり意義を見出せないというのが本当のところだろう。

日本人の多くは、流動性が低く譲り合いを尊ぶ共同体的環境に長く暮らしてきたからか、あるいは一神教の国ではないからか、自国の慣行やルールや制度を他国に押しつけることを望ましいことだと考えてはいない。加盟各国の文化や伝統、発展段階、国土の特性、産業構造などを無視し、社会制度を大規模に変革し、統合された単一の市場を合理的につくり、互いに互いの国内需要を奪い合う競争をするというTPPの根本的発想自体が、アメリカ的であり日本人の肌には合わない。

▼日本が主張すべき世界秩序―棲み分け型の多文化共生

では、日本は、どういう国際秩序を目指し、世界に訴えていくべきなのか。

本章の議論にもとづけば、望ましい世界秩序構想について二つの観点から考えられるだろう。ひとつは、「ボーダレス化＝進歩」という一面的見方に立たない、より適切な近代化理解の観点である。もうひとつは、日本社会の良さを損なわず、日本人の文化的性質にかなっているか否かという観点である。

幸い、双方の観点とも、同じ結論を導く。一言で言えば、多元的秩序である。私の好む表現を用いれば、「積極的に学び合う、棲み分け型の多文化共生世界」とも言える。ごく簡潔に述べれば、次のような発想でつくられる世界秩序である。

「各国、各地域ごとに、それぞれ自前のやり方がある。それを互いに尊重すべきだ。そのほうが、各々の現地の人々は幸せだ。世界全体で見ても、そういう相互尊重の枠組みこそが公正な世界秩序だ。軽々しく「普遍的だ」とか「世界標準だ」とか言って、自国のやり方を他国に押しつけたり画一化したりしていくべきではない」

もちろん、ここで提案している世界秩序は、孤立主義的なものではまったくない。それぞれ外国との交流は重視する。外国と交流し、良いところは積極的に学んで取り入れれば、自国文化が活性化されるからだ。だがその際に重要なのは、それぞれ自国に合うように「翻訳」と「土着化」を繰り返すことだ。そうしなければ、外来の知の恩恵を受けられるのは、ごく一握りの特権層だけになってしまう。

つまり日本が訴えるべき理想的な世界秩序とは、各国が、自国民の幸福を願い、自国の言語や文化、発展段階、国土の特性を大切にし、特色ある国づくりをそれぞれ行っていく多元的な秩序なのである。

そしてこの多元的世界秩序では、各国は、外国から良いところを積極的に学びつつも、社会の安定性を損なわないように、また自国の一般的人々が等しくその恩恵にあずかれるように、常に「翻訳」と「土着化」を怠らない。そしてそれぞれ、自国の一般庶民が参加しやすく、能力を発揮しやすい国づくりを行っていくような世界である。

こうした世界のほうが、実は経済的に見ても好ましいであろう。このような多元的世界では、各国は経済的自律性の高い内需型の国づくりを目指すことが望まれる。内需型の国が多数存在する世界のほうが安定し、各国の庶民の所得は増え、逆説的だが貿易も活発化するのではないか。

▼日本の経験が活きる世界秩序を

何よりこうした世界は、日本人にとって暮らしやすい世界であろう。閉塞感を覚えつつ、何が良いのかよくわからないボーダレス化なるものに従っていく必要はない。日本の良さを失わずに済む。また、我々日本人が、明治以来、奮闘し積み上げてきた国づくりのノウハウ――つまり「翻訳」と「土着化」を通じた近代的国づくりのノウハウ――をこれまで通り活用していくことができる。他国の国づくりの支援に役立てることもできる。

たとえば、言語の例をとれば、日本の大学が授業を英語化したり、会社が英語を公用語にしたりするのは、明治の人々の努力を否定することにつながりかねない。むしろ日本がなすべきは、新興諸国の人々が、母語で高等教育が行えるように、そして母語で専門職を含め様々な職業に就けるように、「翻訳」と「土着化」の国づくりのノウハウを伝えることだ。国内資本の産業を整備し、内需型経済をつくることも、日本が経験し得意としてきたところである。

肌に合わぬTPPはどうにかしてうやむやにし、自らが培ってきた多くの経験を自他のために役立たせ得る世界秩序づくりに一歩踏み出すほうが、日本のためにも世界のためにもはるかに良いはずである。

註

＊1　近代社会の成立に普遍語から土着語への翻訳の過程が大きく影響しているという点については次の、特に第一〇章を参照。ウィル・キムリッカ『土着語の政治―ナショナリズム・多文化主義・シティズンシップ』岡﨑晴輝・施光恒・竹島博之監訳、栗田佳泰・森敦嗣・白川俊介訳、法政大学出版局、二〇一二年

＊2　長谷川三千子「水村美苗『日本語亡論』への疑問」「諸君！」二〇〇九年五月号

＊3　馬場辰猪『馬場辰猪全集　第一巻』「『日本語文典』序文」西田長寿訳、岩波書店、一九八七年

＊4　レジス・アルノー「日本の治安が最高なのは共同体パワーのおかげ」「ニューズウィーク日本版」二〇一二年一二月二六日号

＊5　王雲海『「権力社会」中国と「文化社会」日本』集英社新書、二〇〇六年

＊6　高谷好一「TPPの先輩＝プランテーション農業という犯罪に押し潰された東南アジア農村社会」農文協編『TPPと日本の論点』農文協ブックレット2、農山漁村文化協会、二〇一一年、一六一～一六六ページ

＊7　関岡英之『拒否できない日本―アメリカの日本改造が進んでいる』文春新書、二〇〇四年

＊8　エズラ・ヴォーゲル『ジャパン アズ ナンバーワン―アメリカへの教訓』広中和歌子・木

本彰子訳、ＴＢＳブリタニカ、一九七九年、一八九ページ

＊9　たとえば、各国のいわゆる「高級紙」と呼ばれる新聞の最近の発行部数の比較は興味深い。欧米の「高級紙」の発行部数は、フランスのルモンド紙は三二万部、イギリスのタイムズ紙も五二万部程度である。これに対して日本の朝日新聞は約八〇〇万部、読売新聞は一〇〇〇万部である。インテリ層と庶民層の区別がほとんどなく、庶民の教育水準が平均して高いというヴォーゲルの指摘は今でも当たっていると言えよう。

＊10　'State of Create Study: Global Benchmark Study on Attitudes and Beliefs about Creativity at Work, School, and Home', April 20, P.20　http://www.adobe.com/aboutadobe/pressroom/pdfs/Adobe_State_of_Create_Global_Benchmark_Study.pdf

＊11　Economist Intelligence Unit, 'A New Ranking of the World's Most Innovative Countries' http://graphics.eiu.com/PDF/Cisco_Innovation_Complete.pdf

＊12　野中郁次郎・竹内弘高『知識創造企業』梅本勝博訳、東洋経済新報社、一九九六年

＊13　中島岳志「〝英語偏重〟に疑問の声「私たちの言語で教育を！」」「クーリエ・ジャポン」二〇一一年九月号

＊14　J. R.Weisz, F. M. Rothbaum, and T. C. Blackburn, 'Standing Out and Standing In: The Psychology of Control in America and Japan', *American Psychologist*, vol. 39, 955-969,1984.

第七章

ＴＰＰは国家の拘束衣である
――制約されるべきは国家か、それともグローバル化か――

柴山桂太

柴山桂太（しばやま　けいた）滋賀大学経済学部社会システム学科准教授
一九七四年、東京都生まれ。京都大学経済学部卒業後、京都大学人間・環境学研究科博士課程単位取得退学。専門は経済思想、現代社会論。著書に『静かなる大恐慌』（集英社新書）。共著に『グローバル恐慌の真相』（集英社新書・中野剛志氏との共著）、『現代社会論のキーワード―冷戦後世界を読み解く』、『成長なき時代の「国家」を構想する』（ともにナカニシヤ出版）、『危機の思想』、『「文明」の宿命』（ともにＮＴＴ出版）など多数。

▼グローバル化は永遠に進展し続けるのか

ＴＰＰについて「平成の開国」と呼ばれることがある。この言葉は、これまでの日本があたかも鎖国してきたかのような印象を与える。だが、それは間違いだ。

戦後日本は、自由貿易への道を歩んできた。一九五五年にＧＡＴＴに加盟して以後、複数の交渉ラウンドを通じて関税率は段階的に引き下げられている。その結果、現在では平均関税率が五・三％と、先進国の中でも低い水準にまで下がっている。この状態を鎖国と言うなら、世界のすべての国が鎖国していることになる。

日本に限らず、今や世界中の国がグローバル化に向かって突き進んでいる。世界の貿易体制はＧＡＴＴからＷＴＯに、そして二国間・地域間のＦＴＡへと進んでいる。また各国で話し合われる内容も、物品貿易にかかわるものからサービス貿易や投資に、また関税から非関税障壁へとしだいに分野を拡大している。モノだけでなく、サービスやカネ、人のグローバル化を目指す体制への移行が、一九九〇年代からの時代の潮流である。ＴＰＰは、そうしたグローバル化の流れをいっそう加速させることになるだろう。

問題は、こうしたグローバル化がいつまで続くのか、ということだ。

図1　グローバル化と脱グローバル化の歴史

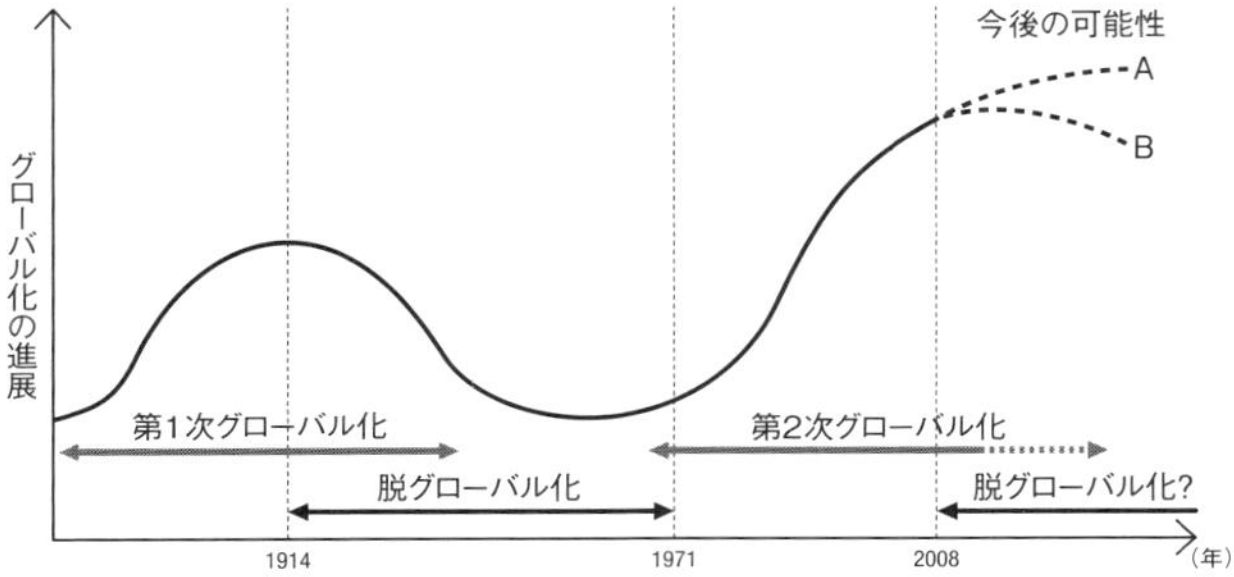

歴史を振り返ると、グローバル化の流れには「波」があることがわかる。モノ、カネ、人の国境を越えた移動が活発に行われる時期と、それが縮小に向かう時期である（図1）。

その典型的な事例が、一九世紀後半から二〇世紀初頭にかけての歴史だ。近年の歴史研究が明らかにしているところでは、この時代の世界貿易や資本移動は、現代に匹敵する水準にまで上昇していた。人の移動は（主にヨーロッパからアメリカ大陸への移民という形で）現代よりも高い水準にあったことがわかっている。歴史家はこれを、「第一次グローバル化」の時代と呼ぶ。

重要なのは、このグローバル化の時代が決して長続きしなかったということだ。その最初のきっかけが、第一次世界大戦である。歴史家のニーアル・ファーガソンは著作『憎悪の世紀』で次のように記している。

「第一次世界大戦は、すべてを変えた。一九一四年の夏、世界経済は人びとにはなじみのある形で順調に進んでいた。商品や資本、労働の移動は、今日のわれわれがよく知っているのと同じレベルに達した。大西洋を越える海上輸送と電信網は、かつてないほどににぎわった。資本と移住者は西に向かい、原料と製品は東に向かった。ところが戦争は、グローバリゼーションを、文字どおり沈没させてしまった*1」

第一次世界大戦後、各国が金本位制への復帰を図るなど、再び自由貿易・グローバル化への流れが始まった。だがそれも結局、長くは続かなかった。アメリカの株価暴落に始まる大恐慌と、その後の第二次世界大戦へといたる危機の時代の中で、世界の貿易と投資の流れは再び干上がってしまったのである。

▼暗礁に乗り上げた欧州グローバル化

こうした過去の歴史を振り返ると、グローバル化は決して一直線に続くプロセスではなく、拡大する時期と縮小する時期を繰り返しながら進む、蛇行的なプロセスであるということがわかる。*2

もちろん、過去について当てはまるものが、未来において繰り返されるという保証はない。だが、こうした歴史の反復を意識することは、未来についての過度な楽観をいましめる上で、重要な意義をもつに違いない。事実、リーマン・ショック後の世界では、各地で国家の対立や保護主義の動きが見られるなど、それ以前とは明らかに違う、歴史のモードに入ったように見えるからだ。

そのことを、最もわかりやすく示しているのが、今、ＥＵで起こっている混乱である。戦後ヨーロッパは、地域内の貿易・投資の自由化を早くから進めた地域である。一九五七年のローマ条約で、資本やモノ、サービスや人の移動の自由化を宣言して以後、関税や非関税障壁の撤廃を段階的に進めてきた。域内貿易の水準は高まり、直接投資も増えていった。二〇〇〇年代には通貨も統合して共通市場のさらなる深化を図るなど、ＥＵはつい最近まで、地域経済統合のモデル・ケースと考えられてきた。グローバル化という視点から見れば、ＥＵは「欧州グローバル化」を積極的に進めてきた地域なのである。

ところがリーマン・ショックとその後の深刻な不況によって、ＥＵ体制に深刻な亀裂が生まれるようになった。ギリシャやスペインなどの南欧諸国は高失業率と税収不足に悩まされ、債務危機の懸念が今も消えない。経済が比較的好調なドイツも、もうかっているのは一部の大企業だけで、国民の大多数はその恩恵にあずかっていない。その上、債務危機国への追加支援を迫られることに国民の不満は高まる一方だ。人々の不満はしだいにEUという枠組みそれ自体に向かっているのである。

このEU危機で注目すべきは、グローバル化がいくら進もうとも、国家という単位は決してなくならず、国家意識も薄まることはない、ということだ。それどころか危機が深くなるにつれて、ますます国家意識が前面に出てきていると言うこともできる。これまでのようにグローバル化を進めることにではなく、むしろグローバル化によって生じる混乱から、自国を切り離そうとする動きが強まっているのである。イギリスのキャメロン首相がEU脱退に言及しはじめたのは、その好例であろう。経済統合の拡大と深化というヨーロッパの歩みは、ここへ来て逆流しはじめているのだ。

▼グローバル化と国家主権は両立しがたい

もちろん、EUがすぐに分裂に向かうと言いたいわけではない。EUはこれまでに何度も、統合の前進と後退を繰り返しており、今回の危機でもこれから新たな解決が模索されるであろう。したがって今の混乱は、欧州統合の長い歴史の中で起きた、一時的な現象とみなすこともできる。

だが、ＥＵの事例からは次のことが言える。グローバル化と国家主権は、その本質において両立しがたい面をもつ、ということだ。

ヨーロッパの経済統合が進んだのは、一九五〇年代から各国が関税や非関税障壁を引き下げていったからである。これは言い換えれば、各国が国家主権の制約を受け入れた、ということを意味する。なぜなら関税は、貿易を管理する国家の重要な手段であり、税収の源泉でもあるからだ。したがって関税の引き下げを受け入れるとは、通商政策の自由に制約を設けるということなのだ。

通貨統合はもっとわかりやすい。言うまでもなく通貨発行権は、国家主権の最も重要な柱のひとつである。各国が自由に金融・財政政策を行えるのは、それぞれの国が独自に通貨を発行し、それを政府や中央銀行が管理しているからである。通貨統合を行えば、為替の変動がなくなるため、貿易や投資が活発化する。そのかわり通貨発行権は失われ、独自の金融政策はとれなくなるだけでなく、財政政策にも厳しい規律が課せられる。つまり通貨統合は、貿易や投資の拡大と引き替えに、自国政府によるマクロ経済管理を放棄するという、究極のグローバル化政策だったのである。

したがってグローバル化の進展は、各国が国家主権への制約や放棄を受け入れることと背中合わせに進む現象である。今よりグローバル化を進めようとすれば、各国はさらに主権を手放さなければならないし、国家主権を回復して政策の自由度を上げようと思えば、グローバル化の水準が下がるのを受け入れなければならない。その分、貿易や投資のコストが余計にかかるからである。経済学者のダニ・ロドリックが著作『グローバリゼーション・パラドックス』で指摘するように、グローバル化と各国の政策自由度の間には、トレード・オフの関係があるのだ。[*3]

▼TPP参加の対価は主権の制約

今、EUで起きている混乱は、行きすぎたグローバル化によって国家主権が著しく制約されたことへの反動である。どんなにグローバル化が進んでも国家や国家意識が消えない以上、行きすぎたグローバル化は必ず激しい反発を引き起こす。深刻な不況が続けば、その反発はますます強いものとなるだろう。

このことは、これからTPPという地域貿易協定に入ろうとする日本にとっても、無視できない重要性をもつ。

ＴＰＰは、加盟国の間で関税を撤廃するだけでなく、貿易や投資のルールを統一することを目指す協定だ。もしＴＰＰが実現すれば、日米を中心に加盟国間の域内貿易や直接投資はいっそう活発化するだろう。

今年三月、安倍首相はＴＰＰ交渉参加に際して、この協定が太平洋に「巨大な経済圏」をつくるものだと述べている。

「今、地球表面の三分の一を占め、世界最大の海である太平洋がＴＰＰにより、一つの巨大な経済圏の内海になろうとしています。ＴＰＰ交渉には、太平洋を取り囲む一一か国が参加をしています。ＴＰＰが目指すものは、太平洋を自由に、モノやサービス、投資などが行き交う海とすることです。世界経済の約三分の一を占める大きな経済圏が生まれつつあります[*4]」

たしかに、関税撤廃や投資ルールの共通化が実現すれば、域内の経済統合は高まるに違いない。ちょうどヨーロッパにおけるＥＵのような単一市場が、環太平洋地域にできることになる。だがそれは同時に、この地域が、ＥＵと同様の困難をかかえ込むことを意味する。域内のグローバル化を進めることと引き替えに、主権の制約を受け入れなければならないという困難である。

▼企業と国民経済の成長が一致しないグローバル化時代

もちろん、ＴＰＰで日本がいきなりグローバル化するわけではない。ＴＰＰに入らなくても、グローバル化は、十分進んでいるからである。すでに見たように、関税率は十分に低い。また、対内直接投資についても、電気・ガスなど公益性の高い業種の一部を除けば、自由化はかなり進んでいる。

ＴＰＰ交渉で問題になるのは、関税もさることながら、非関税障壁の取り扱いである。日本だけでなく先進国はどこも、ＷＴＯ体制の下で関税は十分に低い水準にあり、投資規制の自由化も進んでいる。だが、非関税障壁と呼ばれるものはそうではない。ここからさらにグローバル化を進めようとすれば、貿易や投資の障壁となっているルールや規制にメスを入れなければならないのだ。

それを最も強く要望しているのは、日本でもアメリカでも、競争力のあるグローバル企業である。日本では自動車などの製造業企業が、アメリカでは農業や保険、サービス業企業が、それぞれＴＰＰに最も前向きだ。関税や非関税障壁の撤廃によって、さらにビジネス・チャンスが拡大するからである。

ことはグローバル化の本質にかかわる。日本でもグローバル化が進められてきたが、その主役となったのは企業である。バブル崩壊以後、日本経済は「失われた二〇年」を体験したが、競争力のあるグローバル企業にとってはそうではない。

この二〇年でトヨタが連結の売り上げを二倍以上に伸ばしていることからも明らかなように、競争力のあるグローバル企業は海外へと進出することで成長を遂げてきた。しかし企業の成長と、国民経済の成長がイコールであった時代はもはや過去のものである。グローバル化の時代とは、技術力や競争力をもった企業が、本国を離れて収益機会を拡大する時代だ。

▼ＴＰＰは新重商主義

ＴＰＰで話し合われているのも、グローバル企業の活動をいかに促進するか、ということだ。そのためには関税の撤廃だけでなく、ビジネス環境の国による違いを、できる限り小さくしなければならない。関税の低減はもちろんのこと、税関の手続きなど輸出入の手続きをできる限り簡素化しなければならない。国によって異なる製品規格や、安全基準の統一が必要になる。

こうした関税以外の貿易障壁を減らすことで、グローバル企業が活動するコストを引き下げるのが、自由貿易協定の重要な柱だ。

他にも、外国に進出した企業が、不当な差別を受けないよう、各国共通の投資ルールを定めたり、紛争解決のための国際司法制度を整備することも、グローバル企業の活動を助けることになる。大型のインフラ整備などの政府調達についても外国企業の参入障壁を下げたり、公営・国営企業の市場支配を防ぐための競争環境の整備も求められる。これらはすべて、ＥＵの経済統合で実現した出来事であり、目下、ＴＰＰ交渉で話し合われている事柄でもある。

企業の視点からすれば、こうしたルール作りはビジネスの拡大にとって不可欠なものである。したがってどの国でも、政府はグローバル企業の要望を交渉に反映させようとする。

このような政府と企業の結びつきは、かつての重商主義を思わせるものだ。近世のヨーロッパでは、政府と特権商人が一体となって輸出や海外投資の拡大を図った。

似たような構図が、現代において形を変えて再現されている。グローバル化の時代とは、グローバル企業と政府が一体となって各国に残る貿易や投資の障壁を引き下げようとする、新重商主義の時代でもある。

▼国家主権喪失への反発

だが、すでに十分、グローバル化が進んだ先進国において、これ以上、グローバル化を進めることには国民の反発も強い。特にTPPには、強い交渉力をもつアメリカが参加しているだけに、新しいルールにアメリカの意向、とりわけアメリカの大企業の意向が強く反映されすぎるのではないか、という懸念がある。

たとえばアメリカは、日本に対して軽自動車の税制優遇を撤廃すべきだと言い、食品の厳しい安全基準――コメのGMO（遺伝子組み換え作物）混入検査や、果物輸入時に課される検疫措置、添加物規制や牛肉のBSE規制など――をアメリカ並みに引き下げることも求めている。加えて、ウォルマートのような大手流通会社は、以前から日本の流通慣行が事実上の非関税障壁になっていると批判しており、アメリカ政府を通じて日本に改善を要望している。

経済学者のジョセフ・スティグリッツが、「TPPは日米両国民のためにならない」と発言しているのも、こうした事情が背景にある。*5 TPPへの懸念が日本だけでなく、アメリカ国内にも存在することを考えると、重商主義的な圧力によるルール改変への不安は、どの国にも存在していると言うことができるだろう。日本だけでなく、アメリカやオーストラリア、ニュージーランドなど他の先進国でも、TPPへの反対は静かに拡がっている。

その理由を、次のように説明することができるだろう。すでにグローバル化が進んだこれらの国では、グローバル企業の利益を拡大することよりも、国家主権がこれ以上失われることへの悪影響のほうが、国民の関心が高いのだ、と。

たとえば関税だ。TPPはすべての関税を原則ゼロにすることを目指している。関税は引き下げられているとは言え、どの国にも高関税品目は存在する。日本の農産物はその典型だ。なぜ、それらがまだ残っているかと言えば、もしその関税を撤廃してしまえば農業はあっという間に立ちゆかなくなるからである。TPPによって農産物や食料品の高関税が撤廃されれば、輸入の拡大によって農業や畜産はさらなる打撃を受け、離農者も増えるだろう。

TPP推進派の中には、「攻めの農政」に転じることで農業を輸出産業に転換できるとする声もあるが、とても現実的なプランとは思えない。TPP参加国には、アメリカやオーストラリアなど、日本の何十倍もの農地をもつ農業輸出国がひしめいている。しかもアメリカは、莫大な輸出補助金をつけて農産物を輸出している。こうした重商主義的な輸出攻勢をブロックしているのが関税だ。

農業に関する限り、関税は日本の食料主権を守る最後の砦なのである。

▼国民の安全意識と対立するグローバル企業の利益

またTPPでは、農産物の検疫や遺伝子組み換え食品の取り扱いなど、食の安全にかかわる規制も、貿易障壁として改変される可能性がある。たとえばBSE牛の厳しい検査基準は、食の安全に関心の高い日本人にとっては当然のハードルである。だが、日本に牛肉を輸出したいアメリカの畜産業者にとっては、アメリカ牛の輸入を制限するための高い貿易障壁とみなされる。

グローバル化を進めるという立場からすれば、こうした基準は緩めたほうが貿易は拡大する、ということになるだろう。現にアメリカの企業はそう望んでいるし、ルールを改正するよう、アメリカ政府を通じてこれまでも日本政府に強い圧力をかけてきた。だが、日本の立場からすれば、その基準は国民の高い関心を受けて作られたルールであり、改変は容易に受け入れることはできないだろう。食の安全にかかわるルールは、日本人の健康を守り消費者の不安を鎮めるためにあるのであって、外国企業の利益のためにあるわけではないからである。

こうした健康や食の安全にかかわる規制は、これからさらに高い水準に引き上げなければならないかもしれない。遺伝子組み換えなど、食の分野で起こる新たな技術革新は、食料生産のフロンティアを広げる一方で未知の不安をも引き起こすからである。

こうした安全志向の高まりを、社会学者のウルリヒ・ベックは「リスク社会」に特有の傾向と見ている。[*6] 高い生活レベルにある先進国では、いつ訪れるかわからない生活上のリスクを減らすことに国民の関心が集まる。このような安全意識の高まりは、政治への強い要望となって政策に反映されていく。現代を「リスク社会」と捉えるこうした見方に立てば、海外から安い食料品が入ってくるほど、食の安全基準を引き上げようとする国民の圧力は高まるのである。

▼グローバル化は国家の「拘束衣」である

食の安全基準を引き上げることは、貿易障壁を引き下げるのではなく、むしろ引き上げるということである。つまり、グローバル化に逆行する動きが、これから出てくる可能性があるのだ。

ここにも、グローバル化と国家主権のトレード・オフが見られる。貿易を拡大することと、食料主権や食の安全を守ることの間には、解消しがたい溝があるからである。

グローバル化と国家主権の対立が、最もよくあらわれているのがＩＳＤ条項の問題だ。グローバル企業の視点に立てば、たとえば相手国の突然の政策変更などで不利益を被った場合、それを第三者的な機関に訴える制度への要求が出てくるのは当然のことだ。

だが、外国企業によって国家が訴えられ、国外の司法制度によって裁かれる事態を喜ぶ国民は少ないであろう。一般国民の視点に立てば、外国企業が進出先の国の文化や制度に従うのは当然のことである。国民の多くがＩＳＤ条項を警戒するのは、司法は国家主権の重要な柱だからであり、それが侵害されることを警戒するからである。

ここにあるのは、「自国のことは自国で決めるべき」という心理であり、論理である。こうした「国民の自己決定（ナショナル・セルフ・ディターミネーション）」への強い欲求こそ、国家主権や国家意識の核にあるものだ。

そしてそうした欲求は、グローバル化が進んで国家主権が制限されるほど、その反発でかえって高まると言うことができるだろう。ここにグローバル化と国家主権を両立する難しさがある。

グローバル化の推進という観点に立てば、関税や非関税障壁の撤廃は不可欠である。だが大多数の国民からすれば、国内の民主的な決定によって作られたルールを非関税障壁として改変するのは、国家主権の侵害でしかない。

繰り返すがグローバル化を進めようとすれば、（グローバル企業の活動に不利益を与えるおそれの

図2　グローバル化と国家主権のトレード・オフ

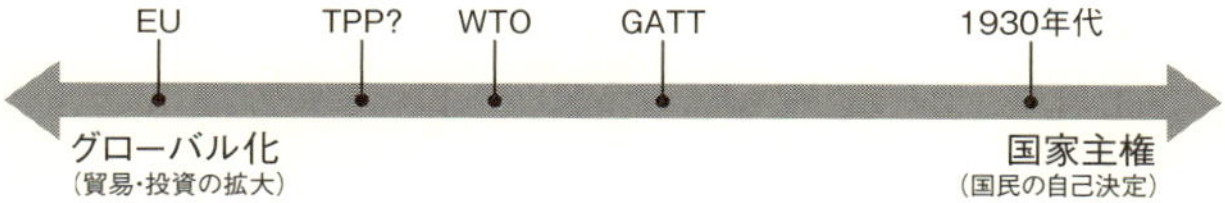

ある）国家主権の発動を抑制せざるを得ない。逆に国家の政策的な自由を維持しようとすれば、グローバル企業の自由を抑制せざるを得ない。

自由貿易の「自由」とは、あくまで国境を越えてビジネス活動をする個人や企業にとっての「自由」である。だが国家にとってはそうではない。グローバル化が進むほど、国家はますます手足を縛られて「不自由」になる。グローバル化を進めるためには、国家に「拘束衣」を着せる必要があるのだ。

▼国家の自律性の喪失がもたらす危機

もちろんグローバル化をとるか、国家主権をとるかという対立は、実際には程度問題だ。国家主権を完全に制約した極端なグローバル化も、グローバル企業に完全に背を向けた極端な管理貿易も、現実には存在し得ないだろう。図2のように、この二つを両極とする一本の線をイメージすれば、現実の世界はその両端の間のどこかに位置しており、状況に応じてグローバル化の度合いを強めたり、弱めたりしている。

ここで重要なのは、行きすぎたグローバル化は、必ずその反動を招くということである。戦前のグローバル化がたどったのも、また今、ＥＵがたどりつつあるのも、大きく言えばそのような道である。

戦後の世界経済は、ＧＡＴＴからＷＴＯ、そしてＦＴＡと、時代を経るごとに自由貿易の度合いを上げてきた。その理由として、しばしば戦前の失敗が語られる。大恐慌以後の一九三〇年代に、各国が関税引き上げや輸入制限措置に走ったことで起きた貿易戦争が、その後にやってきた本物の戦争の序曲となった。そうした歴史を繰り返さないために、自由貿易を推進する意味があるのだ、と。

この見方は間違ってはいないが、ひとつ大事な点を言い落としている。一九三〇年代の保護貿易やブロック経済が、それ以前のグローバル化（第一次グローバル化）の反動として起きた、ということだ。

先にも見たように、戦前のグローバル化は、今と同じ水準で推移していた。それが急激に崩壊に向かった理由は様々に考えられるが、よく指摘されるのが金本位制による保護主義の高まりだ。金本位制によって為替が固定化されてしまっているので、各国は自由な金融・財政政策を打つことができない。

こうした「黄金の拘束衣」があるため、不況や貿易赤字になると、失業の拡大を防ぐために関税を引き上げる他ない。事実、第一次グローバル化の時代には、(特に一八八〇年代から) 各国の関税率は、徐々に上昇する傾向にあった。

このような保護主義的機運の高まりを「社会の自己防衛」という観点から説明したのがカール・ポラニーである。[*7] 自由貿易によって生活の安定を奪われる農民や労働者が、しだいに組織力を強めて国家に保護主義を要求するようになる。これまで見てきた議論で言えば、グローバル化が進むほど、自由貿易の「自由」を制限し、国家の「自由」を引き上げるよう要望する力が、社会の中に蓄えられていくのだ。

こうして生まれた貿易戦争の反省から、戦後は自由貿易が進められた。GATTからWTOへといたる歴史の中で、各国の関税は引き下げられ、輸入制限やダンピングなど、貿易戦争につながりかねない政策を相互に抑制する動きが強まった。一方、為替については、ブレトン・ウッズ体制が一九七〇年代に終わり、変動為替相場制へといたる中で、しだいに自由化されていった。現代の第二次グローバル化は、国家の為替や金融政策にではなく、国家の貿易・通商政策に「拘束衣」をかける中で、進められてきたのだ。

しかし、その両方を拘束してしまったのがEUだ。先に見たようにEUは、自由貿易によって各国の通商政策が大幅に制限されているだけでなく、ユーロという通貨統合によって、為替や金融政策も厳しく拘束してしまった。そのため不況や財政赤字になっても、金融政策によって景気を調整することができないだけでなく、保護主義によって自国の雇用や産業を一時的に守ることができない。現に、今のスペインやイタリア、ギリシャで起きているのはそういう事態だ。政府が国民を守るのではなく、不況でありながらコストカットによる競争を進めることでしか、不況と貿易赤字を乗り切ることができないという、破滅的な事態に陥ってしまったのだ。

もちろんTPPは、あくまで自由貿易協定であり、通貨統合を目指すものではない。だが、ヨーロッパでさえ、最初から通貨統合を目指すものではなかったことには、留意が必要だろう。ヨーロッパが通貨統合に向かうきっかけになったのは、一九七〇年代のブレトン・ウッズ体制の崩壊である。*8 それ以後、各国は為替の変動に悩まされるようになった。域内の貿易や投資が拡大していく中で、為替の変動がビジネスに与える影響がしだいに大きくなっていったからである。とりわけ複数の国にまたがって活動する企業にとって、為替の急激な変動は、経営上のリスクを高める。共通通貨への取り組みが始まったのは、ここにおいてである。

そのように考えれば、ユーロは、域内貿易の拡大や企業のビジネス環境整備といった「欧州内グローバル化」を進めるプロジェクトの、その先に出てきたものということができるだろう。

したがって今、ＥＵで起きつつある混乱は、グローバル化を進めすぎたことの反動として、（通商政策から通貨政策に至るまで）国家の自律性を奪っていったことの反動として、理解される必要があるのだ。

我々は、考えを改めなければいけない時期にきている。グローバル化を進めることが、世界全体にとって望ましいという考え方は、過去の歴史を見ても、現在のＥＵを見ても、成り立ちそうにない。むしろ、国家主権を著しく制限しすぎると、かえってその反発がやってくるという見方のほうが、現実をよく説明してくれるように思うのだ。

▼制約されるべきは国家か、それともグローバル化か

先に挙げたロドリックは、次のように述べている。自由貿易が進んだ今日では、これ以上グローバル化を進めるよりも、グローバル化を制限して、国家主権や各国の自己決定権の力を強めるほうが、国際経済の安定に寄与するであろう、と。

事実、各国の通商政策の自由度が高く、国際的な資本移動の規制が強かった戦後のブレトン・ウッズ＝ＧＡＴＴ体制のほうが、国際経済は今よりも安定しており、経済成長率も高かった。関税をゼロにして国によって異なるのが当たり前のルールや規制を無理に統一させるより、

各国が一定の自由貿易の原則を守りつつ、通商政策やルールの決定において国による多様性を保証すること。為替や金融政策についても、一定の制限の下に置くこと。これは、行きすぎたグローバル化でもなければ、行きすぎた国家主権の強化でもなく、その中間を目指すものだ。それこそが「正常なグローバル化」のあり方なのである。

ＴＰＰ交渉がどのような結果に終わるかはわからないが、もしこれが、当初の目論見通り高レベルの自由化協定になれば、この地域の経済統合は進むことになるだろう。それは競争力のある企業にとってはもちろん、望ましいことに違いない。だが、これまで見てきたように、グローバル化はしだいに国家を拘束していく。企業の「自由」は拡大するかもしれないが、国民の「自由」、国家の「自由」はしだいに失われていくのだ。

一九三〇年代の貿易戦争で、最も厳しい目にあった国のひとつが日本である。為替切り下げによる輸出拡大によって大恐慌からいち早く脱した日本を待っていたのは、日本製品のボイコットや緊急輸入措置、関税の引き上げといった極めて差別的とも言える対日政策であった。[*9]こうした歴史を踏まえれば、日本が戦後の自由貿易体制の進展に強い期待を抱いたのも、決して理由がないわけではない。

だが、問題は、自由貿易にも程度が必要だということだ。すでに十分、自由貿易が進んだ日本で、これ以上のグローバル化を目指せば、国家主権の制限という別のリスクがかえって高まることになる。

もちろん、今の世界的なＦＴＡブームに、日本だけが背を向けるわけにはいかないだろう。だが、前のめりになってＴＰＰのような高レベルの自由化に突き進むのは危険である。いずれ世界中でＦＴＡブームへの反動が起きるのは、目に見えているからだ。

行きすぎたグローバル化が、その反動で分裂と対立に向かうという歴史を繰り返さないためには、何が必要か。それを考えるのは、日本を含めた各国の、二一世紀における真の課題なのである。

註

＊1　ニーアル・ファーガソン『憎悪の世紀―なぜ二〇世紀は世界的殺戮の場となったのか　上巻』仙名紀訳、早川書房、二〇〇七年、一七二、一七三ページ

＊2　柴山桂太『静かなる大恐慌』集英社新書、二〇一二年
＊3　Dani Rodrik, *"The Globalization Paradox : Democracy and the Future of the World Economy"*, W.W. Norton &Co. Inc., P.205,2011.
＊4　安倍内閣総理大臣記者会見　二〇一三年三月一五日
＊5　江渕崇「ＴＰＰ『日本国民のためにならぬ可能性』米大教授」　http://www.asahi.com/business/update/0322/TKY201303220320.html?tr=pc
＊6　ウルリヒ・ベック『危険社会―新しい近代への道』東廉・伊藤美登里訳、法政大学出版局、一九九八年
＊7　カール・ポラニー『「新訳」大転換―市場社会の形成と崩壊』野口建彦・栖原学訳、東洋経済新報社、二〇〇九年
＊8　Harold James, *"Making the European Monetary Union"*, The Belknap Press of Harvard University Press,2012.
＊9　池田美智子『対日経済封鎖―日本を追いつめた12年』日本経済新聞社、一九九二年

中野剛志（なかの　たけし）

評論家。元京都大学大学院准教授。主な著書に『TPP亡国論』。

関岡英之（せきおか　ひでゆき）

評論家・ノンフィクション作家。主な著書に『拒否できない日本』。

岩月浩二（いわつき　こうじ）

弁護士。「TPPを考える国民会議」世話人。

東谷　暁（ひがしたに　さとし）

ジャーナリスト。主な著書に『経済学者の栄光と敗北』。

村上正泰（むらかみ　まさやす）

山形大学大学院医学系研究科教授。主な著書に『医療崩壊の真犯人』。

施　光恒（せ　てるひさ）

九州大学大学院比較社会文化研究院准教授。主な著書に『リベラリズムの再生』。

柴山桂太（しばやま　けいた）

滋賀大学経済学部社会システム学科准教授。主な著書に『静かなる大恐慌』。

TPP 黒《くろ》い条《じょう》約《やく》

二〇一三年六月一九日　第一刷発行

集英社新書〇六九五A

著者……中野《なかの》剛志《たけし》／関岡《せきおか》英之《ひでゆき》／岩月《いわつき》浩二《こうじ》
東谷《ひがしたに》　暁《さとし》／村上《むらかみ》正泰《まさやす》／施《せ》　光恒《てるひさ》／柴山《しばやま》桂太《けいた》

発行者……加藤　潤

発行所……株式会社集英社

東京都千代田区一ツ橋二-五-一〇　郵便番号一〇一-八〇五〇

電話　〇三-三二三〇-六三九一（編集部）
〇三-三二三〇-六三九三（販売部）
〇三-三二三〇-六〇八〇（読者係）

装幀……原　研哉　　組版……MOTHER

印刷所……凸版印刷株式会社　　製本所……加藤製本株式会社

定価はカバーに表示してあります。

ISBN 978-4-08-720695-1 C0233

a pilot of wisdom

a pilot of wisdom

集英社新書　好評既刊

老化は治せる
後藤 眞　0683-I

老化の原因は「炎症」だった！　治療可能となった「老化」のメカニズムを解説。現代人、必読の不老の医学。

千曲川ワインバレー 新しい農業への視点
玉村豊男　0684-B

就農希望者やワイナリー開設を夢見る人のためのプロジェクトの全容とは。日本の農業が抱える問題に迫る。

教養の力 東大駒場で学ぶこと
斎藤兆史　0685-B

膨大な量の情報から質のよいものを選び出す知的技術など、新時代が求める教養のあり方と修得法とは。

戦争の条件
藤原帰一　0686-A

風雲急を告げる北朝鮮問題など、かつてない隣国との緊張の中でいかに判断すべきかをリアルに問う！

金融緩和の罠
藻谷浩介／河野龍太郎／小野善康／萱野稔人　0687-A

アベノミクスを危惧するエコノミストたちが徹底検証。そのリスクを見極め、真の日本経済再生の道を探る！

消されゆくチベット
渡辺一枝　0688-B

中国の圧制とグローバル経済に翻弄されるチベットで、いま何が起きているのか。独自のルートで詳細にルポ。

荒木飛呂彦の超偏愛！映画の掟
荒木飛呂彦　0689-F

アクション映画、恋愛映画、アニメなどに潜む「サスペンスの鉄則」を徹底分析。偏愛的映画論の第二弾。

バブルの死角 日本人が損するカラクリ
岩本沙弓　0690-A

バブルの気配を帯びる世界経済において日本の富が強者に流れるカラクリとは。危機に備えるための必読書。

爆笑問題と考える いじめという怪物
太田 光／NHK「探検バクモン」取材班　0691-B

いじめはなぜ起きてしまうのか。爆笑問題が現場取材し、尾木ママたちとも徹底討論、その深層を探る。

水玉の履歴書
草間彌生　0692-F

美術界に君臨する女王がこれまでに発してきた数々の言葉から自らの闘いの軌跡と人生哲学を語った一冊。